本书受中共四川省委党校（四川行政学院、四川长征干部学院）资助

# 协同发展视域下
# 赤水河流域高质量发展研究

杨志远 编著

XIETONG FAZHAN SHIYU XIA
CHISHUI HE LIUYU GAOZHILIANG FAZHAN YANJIU

四川大学出版社

# 图书在版编目（CIP）数据

协同发展视域下赤水河流域高质量发展研究 / 杨志远编著. — 成都：四川大学出版社，2022.9
　ISBN 978-7-5690-5600-6

Ⅰ.①协… Ⅱ.①杨… Ⅲ.①长江流域－区域经济发展－研究 Ⅳ.①F127

中国版本图书馆 CIP 数据核字（2022）第 128411 号

---

| | |
|---|---|
| 书　　名： | 协同发展视域下赤水河流域高质量发展研究 |
| | Xietong Fazhan Shiyu xia Chishui He Liuyu Gaozhiliang Fazhan Yanjiu |
| 编　　著： | 杨志远 |

---

选题策划：宋　颖
责任编辑：宋　颖
责任校对：张伊伊
装帧设计：墨创文化
责任印制：王　炜

---

出版发行：四川大学出版社有限责任公司
　　　　　地址：成都市一环路南一段 24 号（610065）
　　　　　电话：（028）85408311（发行部）、85400276（总编室）
　　　　　电子邮箱：scupress@vip.163.com
　　　　　网址：https://press.scu.edu.cn
印前制作：四川胜翔数码印务设计有限公司
印刷装订：成都新恒川印务有限公司

---

成品尺寸：170 mm×240 mm
印　　张：10.75
插　　页：2
字　　数：148 千字

---

版　　次：2022 年 11 月 第 1 版
印　　次：2022 年 11 月 第 1 次印刷
定　　价：48.00 元

---

本社图书如有印装质量问题，请联系发行部调换

**版权所有 ◆ 侵权必究**

四川大学出版社
微信公众号

# 序　言

新发展格局下，流域作为一个整体，实现其高质量发展成为区域协调发展战略的关注重点。在整个国家层面上，以长江和黄河生态文明建设为标志的高质量发展战略已全面展开。流域作为承载新发展模式、培育新发展形态、践行新发展理念的新经济空间，正在协调发展实践的深入推进中逐步展现出其整体面貌。

流域所承载的新发展模式，因其跨越行政区划的特殊治理机制、生态修复与建设的特殊约束条件、通道建设与产业发展并重的特殊路径选择，而使得经济发展本身必须与地方社会和自然发展条件更为紧密地结合起来，流域经济也正是在这一层面上，产生了与民生联系更为紧密、与地方关联更为密切的发展战略要求。

一个颇有研究意义的比较在于，流域在治理意义上的大小之分与流经的行政区划大小、流经的国家大小有着密切的联系。流域治理之所以成为一个问题，在很大程度上也与流域流经的行政区划之间存在关联。一方面，行政区划的层级高低会影响流域治理在区域协调战略中的地位；另一方面，流经行政区划的多少也会对流域治理的难度造成影响。在当前的区域协调战略中，流域治理已经成为一个重要的协调手段，成为推动全国重大生产力调整布局的主要工作领域。

赤水河流域作为流经川滇黔三省的一条重要交通通道，承载着地方经济发展，孕育了独特的地方文化，也面临生态保护和生态治理的重大挑战。对赤水河流域进行研究，不仅在于其生态治理的重要性，更在于赤水河地跨三省所形成的通道效应、文化效应、经济效应。在流域生态保护的大前提下，以文化建设为引领，实现通道建设、文化建设、经济建设和生态建设的全流域协同，既是赤水河流域高质量发展的内在要求，也是积极探索流域差异化发展模式的重要举措。

本书从协同治理的视角研究赤水河流域高质量发展的机制和模式，认为应通过"双中心"发展架构来实现赤水河流域的高质量发展，并从生态、文化、协同治理等方面共同发力。

在生态方面，本书对当前赤水河流域生态产业发展的现状进行研究，认为当前赤水河流域在产业结构、基础设施、生态环境保护、流域管理等方面还存在问题，同时提出有针对性的对策。此外，推动赤水河流域生态补偿、命运共同体建设也是流域高质量发展的重要部分，书中总结了赤水河流域生态补偿探索实践，认为当前存在生态资产产权确认制度缺失、生态补偿标准科学性不足、现有流域生态补偿方式与同市场化多元化需求不匹配、流域生态命运共同体的利益粘性不足等问题，应当建立自然资源资产产权制度、水权交易机制和用水权跨区域绿色金融交易平台。

在文化方面，赤水河流域有丰富的民族文化、盐运文化、酒文化、红色文化、红色资源，云贵川三省都在积极保护和开发赤水河流域的文化资源，但还存在着影响力、传播力较低，基础设施不完善，同质化现象严重等问题。应当保护好生态环境、创新对文化的保护和传承、鼓励流域上下游资源相互借力，协同发展，充分发挥市场"有形手"的作用来优化资源配置，推动赤水河流域文化的高质量发展。

在流域协同治理方面，当前赤水河流域在生态、产业、文化层面都已实现一定的协同，但协同治理机制还需完善。目前仍存在统筹协调不足、地方政府衔接不够、大局意识欠缺等问题。在推动协同治理方面，应当加强对赤水河流域协同治理组织和制度的建设，由中央部门统筹协调协同治理工作，同时树立"一盘棋"思想，推动省际间跨区域解决共性问题。

# 目 录

**第一章 以协同治理推动赤水河流域高质量发展的机制与模式研究**

  一、流域治理的协同推进机制……………………………（ 3 ）

  二、赤水河流域协同治理的实践推进与机制构建…………（ 19 ）

  三、"双中心"战略架构中赤水河流域高质量发展的策略研究 …（ 39 ）

**第二章 赤水河流域协同治理研究**

  一、赤水河流域协同治理现状………………………………（ 53 ）

  二、赤水河流域协同治理存在的问题………………………（ 62 ）

  三、赤水河流域协同治理的实践：赤水河污染治理…………（ 64 ）

  四、赤水河流域协同治理的对策思考………………………（ 68 ）

**第三章 赤水河流域红色资源保护与利用的问题与对策**

  一、赤水河流域红色资源保护与利用的文献综述…………（ 73 ）

  二、赤水河流域红色资源保护与利用的现状………………（ 81 ）

  三、赤水河流域红色资源保护与利用存在的问题…………（ 87 ）

  四、赤水河流域红色资源保护与利用的对策建议…………（ 95 ）

  五、赤水河流域泸州段现存红色资源梳理…………………（104）

## 第四章　赤水河流域生态产业发展研究

　　一、赤水河流域生态产业发展现状……………………………(111)

　　二、赤水河流域生态产业发展典型案例………………………(118)

　　三、赤水河流域生态产业发展的对策思考……………………(120)

## 第五章　赤水河流域文化高质量发展研究

　　一、赤水河流域文化概述………………………………………(127)

　　二、赤水河流域文化及其发展现状……………………………(131)

　　三、赤水河流域文化高质量发展的案例研究…………………(154)

　　四、赤水河流域文化高质量发展的对策………………………(158)

**后　记**……………………………………………………………(162)

**参考文献**…………………………………………………………(163)

# 第一章 DIYIZHANG

## 以协同治理推动赤水河流域高质量发展的机制与模式研究

# 一、流域治理的协同推进机制

## （一）流域治理的模式与难点

### 1. 概念界定

（1）流域治理

流域是以河流为纽带的带状、多纬度区域，有整体性强、关联度高等特点（黎桦林，2013）[①]，同时由于流域具有公共性和外部性，这意味着政府在流域治理中毫无疑问地处于核心地位，因此在公共管理视域下，流域治理被定义为政府主导、社会协同、公众参与的多主体互动合作的多中心治理格局（陈晓春等，2013）。[②] 但随着经济社会的发展，当前，流域既是自然地理单元，更是经济区域单元和行政区域单元重叠组成的空间结构（田蕴慧，2016）[③]，流域治理不再是对这种特定空间的单纯社会治理或者生态环境治理，而是基于该流域的整体的、系统

---

[①] 黎桦林. 流域府际合作治理机制文献综述 [J]. 学理论，2013（30）：15—17.
[②] 陈晓春，王小艳. 流域治理主体的共生模式及稳定性分析 [J]. 湖南大学学报（社会科学版），2013，27（01）：52—56.
[③] 田蕴慧. 浅析中国的流域治理 [J]. 管理观察，2016（01）：45—48.

的、协同的综合治理，涵盖经济、社会、生态、文化等多个领域。

(2) 行政区治理

行政区是行政区划的空间表现形式，是国家为实施有效管理而根据一定的原则和标准对领土进行划分，并设置地方国家权力机关和行政机关进行分区和分级管理的地域范围（李荣娟，2007）。[①] 行政区治理受行政区划的刚性约束，有明确的自然地理边界，是一种基于行政区域界限的、闭合的政府治理形态，政府主要面对的是行政区内部的公共问题和公共事务，政府公共管理权力在行政单元内部是自上而下的、单向的（杨爱平等，2004）。[②] 行政区划切割的各地方政府，在以经济增长为目标的政绩考核驱动下，更倾向于竞争而非合作，单纯依靠"行政区经济"已不能适应当前经济高质量发展的要求（成婧，2010）。[③] 此外，行政区在长期建设和发展效应的累积作用下，也出现了边界相对模糊的情况，越是经济发达的地区，这种趋势就越明显。

(3) 经济区治理

经济区是依据一个国家经济、技术发展水平在地域上出现的明显差异而人为划定的区域，其在一定程度上能够反映出地区发展状况。随着经济的发展，经济区也会发生变化，经济区不存在统一的决策主体，也没有固定的边界，其经济要素和经济活动运行遵循市场规律（李荣娟，2007）。经济区治理是通过一定的组织制度实现的政府合作的整体性治理，治理的内容包括经济区内的经济、文化、社会、生态等（张晓钦

---

① 李荣娟. 行政区与经济区的冲突与张力整合——区域公共治理的视角 [J]. 国家行政学院学报, 2007 (03): 57-60.

② 杨爱平, 陈瑞莲. 从"行政区行政"到"区域公共管理"——政府治理形态嬗变的一种比较分析 [J]. 江西社会科学, 2004 (11): 23-31.

③ 成婧. 江苏沿海城市群建设与政府治理模式创新——从"行政区行政"到"区域公共治理" [J]. 城市发展研究, 2010, 17 (11): 19-24.

等，2015）[1]，同时，经济区的治理环境更为复杂，经济区治理中涉及制度建设、产业布局、基础设施建设、文化建设等方面，需要协调各参与主体，才能实现跨行政区协同。

与行政区治理和经济区治理相比，流域治理强调以河流为载体，在生态、产业、社会、文化等领域实现协同治理，以实现流域整体高质量发展为目标。与上述二者不同的是，流域内部包含着人类独特的地理想象和空间表述，因此，流域治理也包含着对文化的治理。

## 2. 流域治理的模式

国外对流域治理和管理模式先后经历了从局部管理到整体管理，从污染治理到综合管理，从河流综合管理到流域综合管理的过程（李友苹等，2009）[2]。国外流域治理的模式大致分为三种：一是以美国为代表的"集成－分散"行政区域分层和流域一体化共同治理相结合的模式，美国流域治理实行各州分散负责制，更加注重各州的自主性和积极性，由联邦政府进行统筹协调，减少州际流域治理矛盾（应力文等，2014）[3]；二是以法国为代表的欧洲流域单元一体化治理模式，法国等欧洲国家在流域治理的过程中比较注重整体性和一体化，通常把流域视为一个完整的单元进行综合性规划（王勇，2009）[4]；三是以日本为代

---

[1] 张晓钦，韩传峰. 中国区域一体化的整体性治理模式研究——以广西北部湾经济区为例 [J]. 同济大学学报（社会科学版），2015，26（05）：116-124.
[2] 李友苹，刘柯三. 国外河流管理发展历程初探 [J]. 科技信息，2009（13）：356-359.
[3] 应力文，刘燕，戴星翼，等. 国内外流域管理体制综述 [J]. 中国人口·资源与环境，2014，24（S1）：175-179.
[4] 王勇. 浅析法国流域治理的政府间协调机制 [J]. 大连干部学刊，2009，25（08）：27-29.

表的多部门协同治理模式，日本的流域治理注重法律的支持，相关法律制度比较完善（徐荟华等，2006）。[①]

我国疆域辽阔，河流湖泊众多，各个流域的水资源情况、所在地区的发展情况也大不相同，基于不同目标，形成了各具特色的流域治理模式：一是以流域规划管理为主的宏观模式（王佃利等，2013）[②]，如长江的治理采取流域治理与行政区域治理相结合的形式，流域管理机构对整个流域进行宏观管理，长江水利委员会主要从事流域综合规划工作，并负责流域规划实施情况的监督管理（李婷，2019）。[③] 二是流域的宏观管理与直接管理相结合的模式（王秉杰，2013）。[④] 黄河流域管理部门根据黄河水情对黄河进行宏观规划，包括水土流失、水资源分配、抗旱防洪等，地方水行政部门则是根据黄河的整体规划，进行分级逐层管理（张保伟等，2020）。[⑤] 三是领导小组模式（王晓东等，2006）。[⑥] 淮河治理领导小组负责整个淮河流域治理工作的开展，领导小组办公室实质上为一个非地方的水行政管理部门，通过领导小组会议进行决策和监

---

[①] 徐荟华，夏鹏飞. 国外流域管理对我国的启示 [J]. 水利发展研究，2006（05）：56－59.

[②] 王佃利，史越. 跨域治理视角下的中国式流域治理 [J]. 新视野，2013（05）：51－54.

[③] 李婷. 长江流域水污染治理模式之构建 [J]. 法制博览，2019（08）：76－77.

[④] 王秉杰. 流域管理的形成、特征及发展趋势 [J]. 环境科学研究，2013，26（04）：452－456.

[⑤] 张保伟，崔天. 黄河流域治理共同体及其构建路径分析 [J]. 人民黄河，2020，42（08）：5－10.

[⑥] 王晓东，钟玉秀. 流域管理委员会制度——我国流域管理体制改革的选择 [J]. 水利发展研究，2006（05）：7－11.

管（杨阳，2018）。① 四是综合治理模式（顾向一等，2020）。② 塔里木河采取综合治理的形式，成立流域管理委员会，负责统一协调和决策，办公室设在塔里木河流域管理局，该局是塔里木河流域管理委员会的执行机构，行使流域水行政主管部门的职能（艾来提江·库尔班，2012）。③ 五是河长制（张沐华，2020）④，各级党政领导兼任河（湖）长，负责辖区内流域综合治理，具有河长负责制、行政问责制的特点，在责任追究机制的刚性约束下，地方政府对流域治理的积极性、自觉性及行政效能显著提升（高小芳等，2015⑤；胡光胜，2019⑥）。这几种模式的共同之处在于均在特定的流域形成了行政性管理主体，其不同之处在于行政性管理主体的职能、管理体制、侧重点均有差异。

## 3. 流域治理的难点

（1）行政区划对流域协调发展的约束

流域作为一个自然区域，往往被不同行政区域所分割，其流域治理过程中突破了传统行政区划与边界，涉及不同行政区域、不同层级行政

---

① 杨阳. 淮河流域水环境治理路径的整体性研究 [J]. 四川环境，2018，37(01)：72-77.
② 顾向一，曾丽渲. 从"单一主导"走向"协商共治"——长江流域生态环境治理模式之变 [J]. 南京工业大学学报（社会科学版），2020，19（05）：24-36.
③ 艾来提江·库尔班. 对塔里木河流域水资源管理模式的探讨 [J]. 旅游纵览（行业版），2012（08）：26.
④ 张沐华. 试论中国水环境的河长制流域治理模式：运作逻辑、现实问题与完善对策 [J]. 法制与社会，2020（04）：145-146.
⑤ 高小芳，刘建林. 国内外流域管理对渭河流域管理的启迪 [J]. 水利科技与经济，2009，15（05）：380-381.
⑥ 胡光胜. 河长制：我国流域治理现实困境与创新趋势 [J]. 大连干部学刊，2019，35（05）：59-64.

单位、不同利益主体（齐实等，2017）。[①] 由于行政区治理依旧是当前我国治理的重要手段，流域地区的各个地方政府在水资源利用和水污染防治的过程中，一旦利益不一致，就可能会相互扯皮，进而导致矛盾的激化（邓伟根等，2010）。[②] 同样，在经济资源的竞争中，出于追逐经济效益的目的，流域内不同行政区域之间的竞争也极为常见。

由于流域治理是一种虚体性治理单元（杨龙，2021）[③]，没有一级政府的规格设置、权力不完整，且没有独立的财政权，尽管省级政府在制度上进行了一些变革，签署了合作协议，但分类管理的制度刚性依然存在（李胜等，2010）[④]，各部门有自己的政策目标，业务上还是受行政区划中的垂直上级指导，上级部门并不一定以流域治理为目标，跨部门整合存在一定阻碍，因此流域治理受制于行政区划，协调机制容易浮于表面（邓伟根等，2010）。

（2）生态补偿困境

河流水系的连续性和流动性、流域与行政区域之间的不对称性，以及生态环境作为公共品的外部性，决定了河流上下游主体在流域生态资源的开发利用、流域治理和生态保护方面存在成本转嫁的问题。河流上游为追求经济利益最大化而出现过度使用水资源、破坏生态环境等问题，导致将成本转嫁给下游地区，形成负外部性。上游地区牺牲经济效

---

① 齐实，李月. 小流域综合治理的国内外进展综述与思考［J］. 北京林业大学学报，2017，39（08）：1-8.

② 邓伟根，陈雪梅，卢祖国. 流域治理的区际合作问题研究［J］. 产经评论，2010（06）：151-156.

③ 杨龙. 作为国家治理基本手段的虚体性治理单元［J］. 学术研究，2021（08）：41-51.

④ 李胜，陈晓春. 跨行政区流域水污染治理的政策博弈及启示［J］. 湖南大学学报（社会科学版），2010，24（01）：45-49.

益而保护生态环境,下游地区则无需付出成本也能享受到溢出的生态正外部性,这就导致上游地区对保护生态环境的投资意愿不强(田义文等,2012)。[①]我国早在20世纪90年代末期就将生态补偿机制引入流域水环境治理领域中,但由于流域上下游并不像行政区划那么清晰,并且在生态补偿方面并未建立起完整的跨省流域生态补偿制度保障体系,下游地方政府缺乏生态补偿动力,上下游地区政府就生态补偿额度难以达成共识(郭少青,2013[②];曲富国等,2014[③])。正是这种上下游之间对流域生态保护和补偿的博弈困境导致整个流域系统偏离最优状态。流域整体上处于欠发达地区的河流,要在整体上形成外部补偿机制和内部平衡机制,面对的体制矛盾和资源困难更为突出。

(3)跨部门协同困难

跨行政层级协调困难。流域面积大的江河流经的行政区包括省、地市和县,不同层级政府仅靠管理水和管理环境的职能部门难以协调,因为这些部门互不隶属,且级别不同,难以做到协同。

水管理的跨部门性导致资源和权力分配的碎片化、政策制定和执行的碎片化(任敏,2008)。[④]水利部门负责对水资源的监督管理,环保部门负责水污染防治的监督管理,国土、林业、交通、海洋等部门也履

---

[①] 田义文,张明波,刘亚男.跨省流域生态补偿:从合作困境走向责任共担[J].环境保护,2012(15):37-40.
[②] 郭少青.论我国跨省流域生态补偿机制建构的困境与突破——以新安江流域生态补偿机制为例[J].西部法学评论,2013(06):23-29.
[③] 曲富国,孙宇飞.基于政府间博弈的流域生态补偿机制研究[J].中国人口·资源与环境,2014,24(11):83-88.
[④] 任敏.流域公共治理的政府间协调研究——以珠江流域为个案[A].中山大学行政管理研究中心,2008:18.

行着部分治水责任。河流治理权限存在部门分割问题（熊烨，2017）[①]，治理政策存在政出多门等问题，很难根据流域和生态系统的整体性进行综合治理，使流域治理长期处于低效的状态。

（4）地区间经济发展差异

经济基础决定上层建筑，流域治理需要各地方政府在人力、财力、物力方面的支持，不同地区经济发展差异决定其对流域治理的投入（余维祥，2014）[②]。以长江流域为例，其横跨我国东西部11个省、自治区和直辖市，而不同的地区经济发展状况参差不齐，政府工作的侧重点不同，这必然会导致流域治理绩效不一致。东部地区经济较为发达，人口众多，因此可以调动更多的人力、物力和财力投入长江水环境的治理当中。而西部欠发达地区，因经济条件落后，难以和发达地区投入同等的人财物力，这就使得同一条河流，在不同地区治理力度不稳定、治理绩效不平衡，容易引发不同区域之间的行政冲突。

## （二）欠发达地区发展模式选择的硬约束

欠发达地区发展模式是赤水河流域高质量发展研究的另一个重要内容。欠发达地区在发展进程中面临着市场竞争弱、产业基础差、区位条件不良等不利因素。无论是发展模式的选择还是发展路径的形成，欠发达地区在显著的约束性因素的影响下，能够做出的现实选择并不是市场环境下的"最优"选择。资源的次优性、发展的被替代性和协同的偶然性是欠发达地区发展模式的三个主要特征，由此也形成了欠发达地区发

---

① 熊烨. 跨域环境治理：一个"纵向—横向"机制的分析框架——以"河长制"为分析样本 [J]. 北京社会科学，2017（05）：108-116.

② 余维祥. 长江上游生态补偿的困境与对策 [J]. 生态经济，2014，30（06）：171-174.

展道路选择的三种困境。

一是资源困境。资源的次优性决定了欠发达地区参与市场活动的被动性水平。以资源换发展是欠发达地区较为普遍的选择（郭晖，2012）。[①] 在市场经济影响下，欠发达地区往往以自身相对突出的优势资源为依托，参与市场竞争，换取发展收益（张建等，2010）。[②] 所谓资源，既有矿产等自然资源、农产品和初级加工品等，也有农村剩余劳动力等生产要素。这些资源之所以能够获得机会参与市场竞争，在于市场扩展形成的资源需求，使得次优的资源利用也成为可能（俞梅，2021）。[③] 鉴于欠发达地区输出资源的鲜明特征，在参与市场竞争的过程中，往往存在着输出资源和输入资源的价格差异，而导致以资源换发展的市场模式最终有碍于欠发达地区的可持续发展。无论在国别层面还是区域层面，无论是欠发达地区矿产开发的产业发展困境还是农民工外出务工的个体发展困境，"贫困式增长"负面效应在实践中的充分体现已经得到政策和理论研究的高度关注（李哲等，2015）。[④]

二是重复困境。发展的被替代程度高低决定了欠发达地区走差异化发展道路的困难度。在促进发展的实践进程中，发达地区均将引进企业作为首要的工作目标。这是发达地区实现快速发展、走上高质量发展道路的不二法门。因此无论在实践中，还是在理论上，产业在发达和欠发

---

① 郭晖. 区域经济一体化中的欠发达地区招商引资 [J]. 商业经济，2012 (02): 54−55+124.

② 张建，杨雪英. 欠发达地区在高生产要素成本条件下的产业集聚——以江苏连云港为例 [J]. 商场现代化，2010 (19): 120−122.

③ 俞梅. 浅议当前我国欠发达地区经济发展面临的问题与对策 [J]. 商业观察，2021 (21): 58−60.

④ 李哲，李镕臣. 资源型城市产业转型的困境分析与路径选择 [J]. 经济研究导刊，2015 (27): 19−20+27.

达区域之间的梯度转移，长期以来被认为是发达地区带动欠发达地区发展的关键性手段（郑楷等，2020）。[①] 但在一些发展极为落后的地区，招商引资并不能起到带动发展的作用。例如在边远的民族地区、革命老区，那些在发达地区表现出巨大效能的工作举措，在这里并不能实现预设的目标。在理论和实践中，均被认为欠发达地区发展基础薄弱、要素保障条件较差、思想意识封闭落后（徐梁博，2020）[②]，导致难以承载更大规模的经济活动。这些实践和理论认识，在较为全面地展现欠发达地区发展困境原因的基础上，也存在较为显著的缺陷，即这些认识均以不变的市场主体群体作为前提。尽管企业作为市场主体的主要构成部分，在整体上表现出较为一致的市场竞争特征，但在面对长期投资决策时，不同的企业显然有不同的决策机制。将市场主体的竞争性特征作为一般特征，并以此为标准来判断欠发达地区缺乏发展能力，是市场竞争逻辑无边界蔓延的突出表现。如果将市场主体的差异性考虑在内，就可以发现，在政府产业结构和布局政策的引导下，愿意到欠发达地区进行投资的企业，往往是在原来经营环境中面对较强要素约束、环境约束和政策约束的企业。这些企业在发达地区产业升级的进程中有被淘汰之虞，而离开原来的经营环境，其主要目的就在于以最低的成本维系原有的生产模式。欠发达地区实际引进的企业，大多数具有这样的特征，由这些企业组成的发展群体，以及由此为主要动力形成的欠发达地区的发展模式，实际上延续了产业升级完成后发达地区的原有产业体系。在这一进程中，欠发达地区的发展受制于发达地区的产业升级进程（杨顺

---

[①] 郑楷，刘义圣. 产业梯度转移视角下的东西部扶贫协作研究［J］. 东南学术，2020（01）：135−143.

[②] 徐梁博. 西部欠发达地区经济现代化路径研究［J］. 中国商论，2020（18）：159−160.

湘，2010)①，具有极为突出的"被替代"特征。在这一过程中，欠发达地区无法形成能够充分体现自身特征的发展模式，无论在未来的发展方向、结构还是成果上，都受制于发达地区在市场竞争作用下的变迁。这是市场竞争的必然结果，也是在推动欠发达地区发展进程中必须在政策中充分体现和着力矫正的市场负效应。

三是协同困境。协同的偶然性决定了欠发达地区缺乏动能去提高整体水平。欠发达地区存在发展进程中缺乏相互协同这样一个较为突出的现象。发达地区带动欠发达地区发展（严汉平等，2007)②、发达地区相互协同实现发展效应倍增（刘辛元，2015)③、城市带动农村（王伟，2019)④、都市圈带动中小城市群发展（安树伟等，2019)⑤ 等，都是一直以来区域协调发展战略关注的要点。欠发达地区之间的协同，由于地区之间竞争性大于协同性、市场空间有限缺乏协同动机、相互之间经济联系较差，在实践中鲜有成功案例，在理论研究中加以关注的也较少。此外，一些已经在局部区域实现较高水平发展的行政区域，在面对整体水平比自己更高的其他临近行政区域的协同邀请时，往往也处于较为被动的位置。一方面推进协同从长期看有利于自身，但另一方面协同会带来自身已发展起来的区域受到较大负面影响。两方面考虑下来，经济发

---

① 杨顺湘. 欠发达地区发展内陆开放型经济之重庆探索 [J]. 经济研究参考，2010 (34)：43－47.

② 严汉平，白永秀. 我国区域协调发展的困境和路径 [J]. 经济学家，2007 (05)：126－128.

③ 刘辛元. 发达地区技术进步与欠发达地区经济增长的关联性——以珠三角与粤西地区为例 [J]. 西华大学学报（哲学社会科学版），2015，34 (02)：96－102＋113.

④ 王伟. 关于"城市带动农村"发展路径的思考 [J]. 西部大开发，2019 (04)：68－71.

⑤ 安树伟，孙文迁. 都市圈内中小城市功能及其提升策略 [J]. 改革，2019 (05)：48－59.

展水平较低的一方推进协同的积极性难免就会较弱。在我国西部，县级经济之间之所以表现出较弱的协同性，县域经济作为一个经济运行单元之所以还能够在实践中得到政策的高度关注，与区域经济的欠发达状态及由此形成的跨行政区划推进经济协同的动机较弱有较大的关联。

## （三）欠发达地区流域生态治理必须要处理好的三对关系

由于欠发达地区在经济发展模式上存在上述硬约束，由此导致对应的流域在生态治理上也面临相应的内在冲突。解决好这些内在的矛盾与冲突，必须要在应对以下三对关系上下功夫。

第一，处理好资源价值实现与资源定价机制的关系，流域经济的市场机制构建应秉承定价机制培育优先于价值实现的基本原则。缺乏基于本地的、市场化的资源定价机制，是欠发达地区在资源输出式发展中始终处于价值链低端的一个重要原因。热衷于获得资源输出的即时价值、对于资源的远期价值预计不足，使得在现时的资源交换过程中出现较为明显的资源价值低估现象。西部地区在资源输出过程中，经常表现出资源向外地输出的价格低于本地价值的"倒挂"现象（邵帅等，2009）[1] 就是这一问题的显著体现。流域作为当前区域协调发展战略关注的重点领域，为重新界定对应区域的资源定价机制创造了新的战略空间。有必要紧扣这一战略要求，聚焦流域生态价值的可持续开发机制，将流域所覆盖的所有资源，以生态资源为核心，进行结构化、类别化和组合化架构，在强化流域资源全环节、全过程、全领域把控的进程中，

---

[1] 邵帅，齐中英. 资源输出型地区的技术创新与经济增长——对"资源诅咒"现象的解释 [J]. 管理科学学报，2009，12（06）：23-33.

## 第一章 以协同治理推动赤水河流域高质量发展的机制与模式研究

塑造多元化的流域资源可持续开发的本地市场主体，以资源和市场主体为重心，构建流域资源市场化定价机制，形成资源即时价值可持续实现、远期价值可预期拓展的局面，为流域经济高质量发展奠定有效的资源价值实现基础。

第二，处理好参与市场竞争与形成自身差异化发展模式的关系，流域经济应围绕差异化发展模式来有针对性地推进市场化进程。欠发达地区因参与外部市场活动的压力，导致自身经济增长模式成为外部市场的"翻版"，进而导致在竞争过程中被置于市场边缘地带。市场发展的负面效应在欠发达地区集中（谢守红，2000）[1]，导致欠发达地区资源流失，发展能力提升缓慢（郭晓飞，2018）[2]，传统产业的特色优势很难在市场环境中转化为真正的竞争优势（王铁等，2015）。[3] 针对流域的生态保护和高质量发展问题，如果不采取有效措施应对，就很难实现既定的目标。概言之，流域的市场化进程，不能是不加区别和选择的市场化，也不能任由外部市场决定流域经济的形态。因此，在流域经济发展的战略上，应着力体现两个差异化原则：一是基于生态保护的流域经济内部布局的差异化，这主要表现在流域上下游产业结构的差异与协同上。二是基于参与外部市场竞争的流域整体经济结构的差异化，这主要表现在流域区域特色和发展模式的培育上。这两个方面的差异要形成，必须以流域发展基础条件提升到与外部市场大体相当为基本前提。可以这样认为，流域经济整体特色形成的领域，必然会是那些发展基础条件首先得

---

[1] 谢守红. 从国外欠发达地区发展战略看我国西部大开发［J］. 衡阳师范学院学报（社会科学版），2000（05）：32－35.

[2] 郭晓飞. 欠发达地区金融支持县域经济发展的问题与启示［J］. 时代金融，2018（12）：42－46.

[3] 王铁，蔡月祥，蔡建华. 构建江苏战略性新兴产业竞争优势的市场化路径［J］. 物流工程与管理，2015，37（04）：109－113.

到改善、发展差异化首先得到重视的区域。这些领域经济和社会活动的活跃，会形成带动流域经济走高质量发展的首要驱动力。

第三，处理好流域内经济协同和经济竞争的关系，应以提高发展流域经济整体性水平来统筹形成有效的流域内竞合结构。欠发达地区之间的经济竞争程度大于经济协同程度，这是市场条件下较为普遍的现象（吴世斌等，2004）[1]。流域作为当前区域协调发展战略的新聚焦点，在推动流域内经济协同的进程中，必须针对导致流域内竞争的体制机制原因，形成以流域全域协同来统筹流域内竞争结构的局面。流域内的协同应主要从以下三个方向展开：一是重大战略目标的协同。围绕设定的重大战略目标，流域内部各个区域应形成协同攻关机制。二是重大资源开发利用的协同，对域内重要资源形成共识，在共识的基础上形成协同的资源开发和利用机制。三是重大基础设施建设的协同。通过重大基础建设的协同发展，提高流域内部的互联互通和对外联通水平。在实现以上三个方面协同的基础上，对于流域内部的竞争，应基于不阻碍重大战略目标实现、不损害重大资源开发、不影响重大基础设施建设三个目标加以引导。

基于以上文献分析，流域治理作为推动流域生态保护的重要手段，在实现生态目标的同时，也是推动区域经济走协同发展道路的重要手段。作为涉及川滇黔三省的赤水河，其协同治理的积极探索和实践必将为长江、黄河流域的生态保护和高质量发展提供独特的实践样本。

---

[1] 吴世斌，白凤峥. 对欠发达地区经济发展的思考[J]. 经济问题，2004(02)：68-70.

## （四）以协同治理推动赤水河流域生态保护和高质量发展的重要价值

推动欠发达地区协同发展，就是要针对资源的次优性、发展的被替代性和协同的偶然性，紧扣经济社会发展的差异化矛盾，在协同上采取更有针对性的措施，以系统推动欠发达地区的发展。从这一维度上看，赤水河流域的协同发展具有极为鲜明的实践样本价值。

第一，从发展价值来看，推动赤水河流域协同发展对于欠发达地区走好生态保护和高质量发展道路意义重大。从经济方面看，人均经济总量不高、上中下游经济差异大、城镇化率不高、产业较为单一、人口流动不足，是赤水河流域当前经济发展的总体特征。从生态方面看，赤水河干流未实施大规模水电开发，但流域沿岸产业发展污染问题不容小视。从上下游关系看，赤水河流域上游生态特征突出，中游产业特色显著，下游人口聚集明显，推动协同发展，具有较为良好的流域协同条件，但上中下游经济联系水平较低、互联互通水平不足现象也较为突出。从整体上看，赤水河流域既具有较为突出的欠发达特征，又有较为扎实的发展基础和较为重大的发展机遇。以流域综合治理来推动流域协同发展，既是流域生态治理的重大实践，也是推动高质量发展的生动探索，具有极为突出的战略和发展价值。

第二，从发展定位来看，推动赤水河流域协同发展是长江经济带"一轴两翼三极"布局在上游地区延伸的重要实践推进领域。赤水河流域地处长江上游，在长江经济带"一轴两翼三极"布局中，首先是"一轴"的自然延伸，相对于长江开发轴线从重庆向成都延伸的主战略而言，赤水河流域利用自然河流通道打造的轴线延伸，显然具有成本上的优势和延伸方向上的独特性。其次是"两翼"中南翼的重要方向。通过赤水河流域的发展，贵州和云南以更为紧密的方式融入长江经济带。最后是"三极"中长江上游成渝地区双城经济圈向南辐射的重点区域。从发展的历程上看，赤水河尽管有一定的通航功能，但这一通航功能与其他适航性较强的流域相比，差别较大。赤水河作为联系川黔的重大通道，在于赤水河流域作为一个整体的"通道"特征。换言之，赤水河流域作为"通道经济"的具体承载区域，在过去的发展历程中发挥了联系川滇黔的实际功能。从这一意义上看，赤水河流域以协同发展服务长江经济带发展战略，重在以通道经济的"同"带动川滇黔的"通"。"同"既是赤水河流域传统区域定位的关键所在，也是未来赤水河流域深度融入长江经济带最为重要的依托。

第三，从发展阶段来看，推动赤水河流域协同发展，是有效巩固和提升流域自我发展能力的关键时期。赤水河流域在过去的发展中，之所以能够形成通道经济，关键在于依托独特的区位条件，形成了以白酒产业为显著特征的产业形态，并据此构建了流域的独特产业品牌。由于地形和地貌的限制，这一流域产业品牌尽管有较高的全国知名度，但产业品牌不能有效转化为流域经济品牌，产业发展能够促进流域某些市、县的发展，但对流域整体带动力不够的情况也较为突出。白酒产业所在县（市）的繁荣与流域其他地区的欠发达状态并存。流域经济作为一个整体，尽管因白酒产业的繁荣具有一定的辨识度，但实质上处于无联系状态。反过来看，白酒产业的兴衰目前也是决定赤水河流域经济起伏的唯一重要因素。这种状况，既不利于现实的流域经济运行与生态保护，也不利于未来的经济结构升级。因此，有必要通过协同，形成流域上中下游白酒产业聚集地和下游物流聚集地，构建产业中心和枢纽经济双重带动的流域发展格局，持续巩固和提升流域自我发展能力。

第四，从发展目标来看，赤水河流域是统筹推进经济发展、改革创新、生态建设、社会文明、制度体系和社会治理高质量发展的实践样本。在生态保护的进程中实现高质量发展，是"十四五"时期流域作为战略调控对象区域要实现的发展目标。这一目标的实现，绝非仅仅通过经济结构升级就能完成，必须依赖整个经济基础、社会治理乃至民众认识的彻底改变。未来五年，围绕全新发展模式的培育与构建，赤水河流域以改革创新推动经济发展、生态建设，以治理现代化提升社会治理水平和社会文明程度的系列探索和实践，都必将为支流融入长江经济带发展提供实践鉴证。

## 二、赤水河流域协同治理的实践推进与机制构建

赤水河流域加强协同治理，既是长江经济带高质量发展的必然要求，也是赤水河流域提高整体发展水平的内在要求。有必要聚焦赤水河流域发展的现状，对流域协同治理的重点和难点进行分析、归纳和总结。

### （一）赤水河流域协同治理的现状

赤水河流域协同治理实践的推进，需要立足于赤水河流域的发展现状和生态治理现状，以此为基础，提出切实可行的协同治理体制建设的意见。本节从赤水河流域的发展现状和生态治理现状出发，认识当前协同治理过程中的现实条件，对于协同治理实践进程的把握具有十分重要的意义。

## 1. 赤水河流域区位条件

赤水河流经云南、贵州、四川三个省份，其中包括昭通、毕节、遵义和泸州四市，镇雄、威信、七星关、大方、金沙、播州、桐梓、仁怀、习水、赤水、叙永、古蔺、合江等县（市），全长523千米，流域总面积18959.50平方千米。赤水河流域按上中下游分，将茅台、丙安作为分界点，茅台以上为上游、茅台至丙安为中游、丙安以下为下游（孔德帅，2017；朱建华等，2018）。气候方面，赤水河流域属于中亚热带－南亚热带湿润气候，具有温暖湿润、无霜期长、降水量大的特点，特殊的地理、气候条件孕育了多样的生物物种和美丽的自然景观。此外，赤水河流域革命历史悠久，是长江流域唯一无筑坝、污染较轻的干流，因此对流域的生态保护和发展意义非凡。

## 2. 经济社会发展现状

赤水河流域经济发展水平普遍较低。2020年，赤水河流域生产总值3978.1965亿元，户籍人口1124.75万人，常住人口908.179万人，流域内人均GDP4.38万元。赤水河上游人均GDP低，其中上游流域的云南省镇雄县、威信县的人均GDP分别只有1.6137万元、1.897万元，跟全国人均GDP7.2万元相比，只占全国人均的22.4%、26.3%，差距仍然较大。靠近赤水河流域中、下游的地区，如金沙县、播州区、遵义市、泸州市人均GDP在整个流域内相对较高，但同样低于全国人均水平。从可支配收入上来看，赤水河流域的城乡居民人均可支配收入低于全国水平（2020年城镇居民人均可支配收入为43834元，农村居民人均可支配收入为17131元）。此外，城乡差异也相对较大，像七星关、大方县、金沙县这些地区在人均可支配收入上的城乡差异较大。赤

# 第一章 以协同治理推动赤水河流域高质量发展的机制与模式研究

水河流域城镇人均可支配收入比农村人均可支配收入更贴近全国平均水平。城镇居民人均可支配收入除镇雄县、威信县和叙永县较低外，其他地区城镇居民人均可支配收入均在33000元以上；农村居民人均可支配收入除播州区外，其他地区均未达到全国人均水平。通过对赤水河流域经济基本情况的分析可以发现，尽管流域中下游地区经济整体发展状况相对较好，但城乡差异相对较大，农村地区经济还有待进一步提高（见表1－1）。从人口上来看，赤水河流域人口主要集中在昭通市、毕节市、遵义市和泸州市四个规模较大的城市，其他县市人口数量普遍较少。近5年来赤水河流域常住人口变化相对较小，毕节市、遵义市人口随经济发展而呈现出净增加的趋势，经济发展较慢的城市常住人口呈下降趋势（见表1－2）。此外，常住人口与户籍人口差额相对较大，2020年户籍人口与常住人口差额占户籍人口比重相对较大，普遍在20%以上，桐梓县甚至高达29.53%（见图1－1）。赤水河流域还处于欠发达水平，上游经济发展基础较为薄弱，上游人口在整个流域人口中占比较高，流域经济发展效益全民共享基础仍需夯实。

表1－1 2020年赤水河流域各地区经济基本情况[①]

| 地区 | GDP（亿元） | 人均GDP（元） | 城镇居民人均可支配收入（元） | 农村居民人均可支配收入（元） |
| --- | --- | --- | --- | --- |
| 昭通市 | 1288.74 | 25304.14 | 31007 | 11283 |
| 毕节市 | 2020.39 | 29282.71 | 34274 | 11238 |
| 遵义市 | 3720.05 | 56308.09 | 37190 | 14718 |
| 泸州市 | 2157.2 | 50709.92 | 39547 | 18035 |
| 镇雄县 | 217.8227 | 16137 | 28901 | 11490 |
| 威信县 | 66.8338 | 18970 | 28186 | 11041 |

---

[①] 数据来源于各县市统计公报、市统计年鉴。

续表1-1

| 地区 | GDP（亿元） | 人均GDP（元） | 城镇居民人均可支配收入（元） | 农村居民人均可支配收入（元） |
|---|---|---|---|---|
| 七星关 | 500.06 | 38298 | 36147 | 11378 |
| 大方县 | 172.49 | 20115 | 33147 | 11333 |
| 金沙县 | 237.23 | 43608 | 36042 | 12374 |
| 播州区 | 354.67 | 46575 | 38932 | 17070 |
| 桐梓县 | 166.76 | 31493 | 33538 | 14301 |
| 仁怀市 | 1363.99 | 20814 | 39730 | 14775 |
| 习水县 | 209.28 | 35749 | 34687 | 12683 |
| 赤水市 | 106.55 | 43085 | 36215 | 14831 |
| 叙永县 | 147.15 | 26614 | 29925 | 14520 |
| 古蔺县 | 179.77 | 27576 | 32623 | 15371 |
| 合江县 | 255.59 | 37111 | 33101 | 13950 |

表1-2 2016—2020年赤水河流域各地区常住人口（万人）[①]

| 地区 | 2016年 | 2017年 | 2018年 | 2019年 | 2020年 |
|---|---|---|---|---|---|
| 昭通市 | 515.5 | 514.6 | 512.9 | 511.3 | 509.3 |
| 毕节市 | 664.18 | 665.9 | 668.61 | 671.43 | 689.96 |
| 遵义市 | 622.84 | 624.83 | 627.07 | 630.2 | 660.66 |
| 泸州市 | 430.64 | 431.72 | 432.36 | 432.94 | 425.4 |
| 镇雄县 |  | 141.03 | 142.41 | 143.79 | 134.98 |
| 威信县 | 40.44 | 40.8 | 41.2 | 41.6 | 35.23 |
| 七星关 | 124.53 | 126.35 | 127.74 | 129.27 | 130.57 |
| 大方县 | 65.3 | 63.4 | 63.06 | 63.33 | 85.75 |
| 金沙县 | 56.95 | 57.11 | 57.34 | 57.58 | 54.4 |

---

① 数据来源于各县市统计公报、市统计年鉴。

续表1-2

| 地区 | 2016年 | 2017年 | 2018年 | 2019年 | 2020年 |
|------|--------|--------|--------|--------|--------|
| 播州区 | 68.28 | 68.51 | 68.84 | 69.18 | 76.149 |
| 桐梓县 | 52.73 | 52.84 | 53 | 52.23 | 52.95 |
| 仁怀市 | 55.88 | 56.09 | 56.31 | 56.57 | 65.53 |
| 习水县 | 52.11 | 52.25 | 52.45 | 52.65 | 58.54 |
| 赤水市 | 24.41 | 24.48 | 24.55 | 24.67 | 24.73 |
| 叙永县 | 56.4 | 56.2 | 55.9 | 55.6 | 55.29 |
| 古蔺县 | 67.2 | 66.4 | 66 | 65.6 | 65.19 |

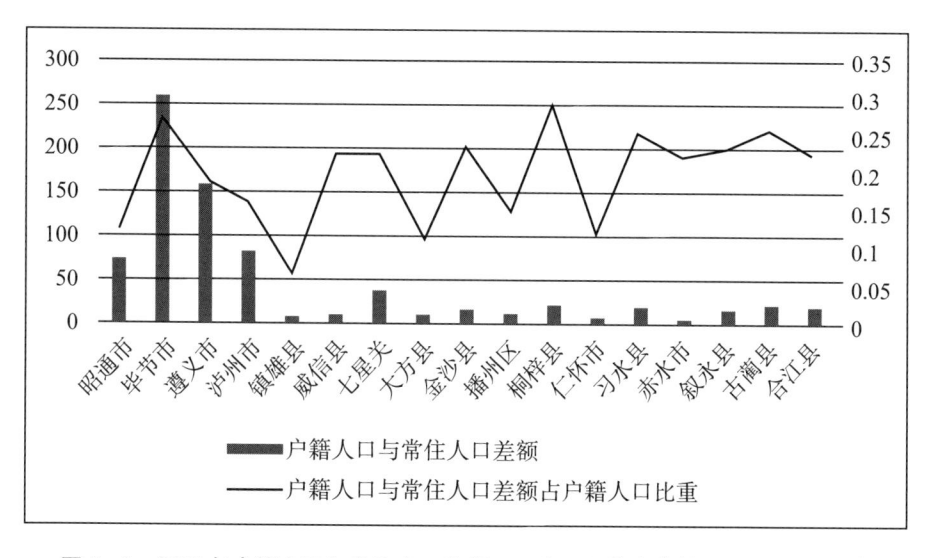

图1-1 2020年户籍人口与常住人口差额（万人）及其占户籍人口的比重（%）

## 3. 产业发展现状

当前，赤水河流域产业结构中第一产业和第二产业占比普遍较高。第一产业占比普遍在16%~22%（见表1-3），以农产品种植为主，耕地面积254.26万亩，主要农产品有水稻、玉米、油菜籽、小麦、烤烟、花生等。第二产业以食品饮料、矿产资源开发为主，赤水河流域白酒品牌众多，茅台、习酒、郎酒、泸州老窖等品牌较为出名，能源资源丰富，煤炭、煤层气、页岩气储量较高。随着赤水河流域近年来经济发展速度的加快，产业结构调整加快，但大部分地区工业处于产业链低端，产业技术水平相对落后。赤水河流域煤炭资源丰富，主要集中在上游地区和中游的四川地区，因此，上游地区云南省的镇雄和威信依据资源禀赋，大力发展采矿、煤电产业，在工业产值中占比较高。上游流域中贵州省七星关、大方县、金沙县三区县主导工业产业的选择上资源特征明显，主要以电力、水泥、原煤生产为三大支柱产业，随着赤水河流域保护条例和规划的出台，上游地区资源消耗型工业开发受到限制，长期依赖资源开发带动地区经济增长的模式难以为继，产业技术水平相对落后，经济发展明显落后于下游地区。中游地区贵州省的仁怀、赤水、习水等地，主导产业的选择主要以轻工业和旅游业为主。其中仁怀市的白酒产业产值占工业产业比值为99.7%[1]，习水县白酒产业产值占工业产值比值为91.98%[2]，赤水市主导产业主要以旅游业为主，2020年赤水市旅游业总收入达到140.27亿元[3]。桐梓县产业发展依据当地资源优势，以采矿、电力、燃气作为促进当地经济发展的推手。桐梓县在保持主导产业稳定经济的同时，大力布局新兴产业。古蔺县和合江县能源丰富，煤炭储量合计为129亿吨，煤层气储量合计为2000多亿立方米，产业的发展结合当地资源优势，以此推动当地工业发展进程，工业产值中采矿、热电产业的产值占比相对较高。下游地区合江县旅游资源丰富，旅游业作为当地的主要产业拉动了当地经济的发展。赤水河流域产

---

[1] 数据来源于2020年仁怀市国民经济和社会发展统计公报。
[2] 数据来源于2020年习水县国民经济和社会发展统计公报。
[3] 数据来源于2020年赤水市国民经济和社会发展统计公报。

业的发展紧密结合当地资源优势，产业结构相对单一，产业发展水平相对落后，呈现出上游地区以煤矿、电力产业为主，中游地区以白酒业为主，下游地区以旅游业为主的特征。

表1-3 2020年赤水河流域各地区产业结构①

| 地区 | 第一产业占比 | 第二产业占比 | 第三产业占比 |
| --- | --- | --- | --- |
| 昭通市 | 17.55% | 37.46% | 44.99% |
| 毕节市 | 24.08% | 26.40% | 49.51% |
| 遵义市 | 13.16% | 43.43% | 43.41% |
| 泸州市 | 11.89% | 48.12% | 39.99% |
| 镇雄县 | 8.56% | 43.34% | 48.1% |
| 威信县 | 18.10% | 24.00% | 57.90% |
| 七星关 | 22.20% | 25.60% | 52.20% |
| 大方县 | 17.90% | 38.60% | 43.50% |
| 金沙县 | 18.70% | 25.50% | 55.80% |
| 播州区 | 16.60% | 42.00% | 41.40% |
| 桐梓县 | 24.56% | 30.59% | 44.85% |
| 仁怀市 | 2.55% | 69.39% | 28.06% |
| 习水县 | 18.79% | 43.04% | 38.17% |
| 赤水市 | 20.30% | 34.70% | 45.00% |
| 叙永县 | 23.70% | 31.10% | 45.20% |
| 古蔺县 | 18.70% | 38.20% | 43.00% |
| 合江县 | 25.70% | 35.80% | 38.50% |

① 数据来源于2020年各县市统计公报、统计年鉴。

表 1-4　2020 年赤水河流域各地区主导产业

| 地区 | 主导产业 |
|---|---|
| 镇雄县 | 采矿和煤电产业 |
| 威信县 | 采矿和煤电产业 |
| 七星关 | 烟草、电力、建材 |
| 大方县 | 采矿、水泥、电力、化工 |
| 金沙县 | 采矿、电力、热力、燃气及水生产和供应业、白酒 |
| 播州区 | 采矿、电力、热力、燃气，酒、饮料和精制茶 |
| 桐梓县 | 采矿、电力、热力、燃气，计算机、通信和其他电子设备制造业 |
| 仁怀市 | 白酒（占工业比值99.7%） |
| 习水县 | 酒、饮料和精制茶（占工业增加值比重91.98%） |
| 赤水市 | 竹浆、纸一体化类、竹木家具类、旅游 |
| 叙永县 | 煤炭，建材及玻璃，酒和饮料，竹木及家具，纸浆及造纸 |
| 古蔺县 | 原煤、饮料、水泥、白酒 |
| 合江县 | 白酒、竹业、旅游业 |

表 1-5　2020 年赤水河流域主要工业产品产量

| 地区 | 原煤（万吨） | 水泥（万吨） | 白酒（万千升） | 发电量（亿千瓦时） |
|---|---|---|---|---|
| 镇雄县 | — | — | — | — |
| 威信县 | 102.12 | — | — | 35.8 |
| 大方县 | 272.4 | 172.9 | — | 45.4 |
| 金沙县 | 1610 | 251 | 1.44 | 113.9 |
| 七星关 | — | — | — | 7.63 |
| 播州区 | 31.87 | 443.35 | 1.02 | — |
| 桐梓县 | 82.78 | 99.56 | — | 52.11 |
| 仁怀市 | — | 65.3 | 14.88 | — |
| 习水县 | 251 | 96.2 | 5.5 | 7.75 |
| 赤水市 | — | — | — | — |

# 第一章 以协同治理推动赤水河流域高质量发展的机制与模式研究

续表1-5

| 地区 | 原煤（万吨） | 水泥（万吨） | 白酒（万千升） | 发电量（亿千瓦时） |
|------|------|------|------|------|
| 叙永县 | 41.8 | 113.7 | 0.357 | — |
| 古蔺县 | — | — | 7.74 | — |
| 合江县 | 35.3 | 218 | 4.9 | — |

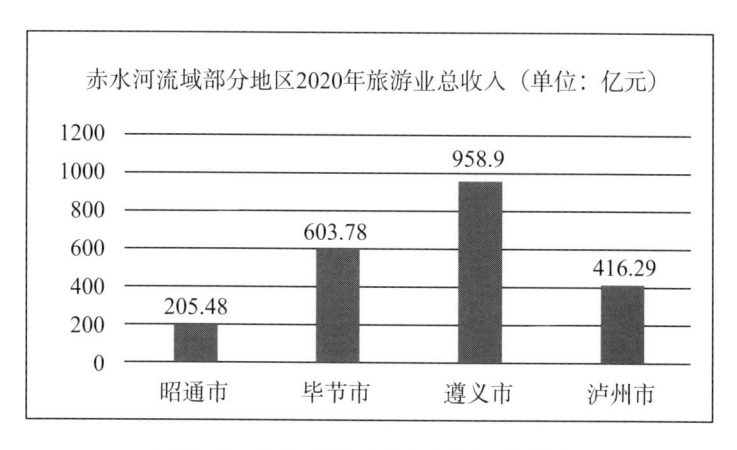

图1-2 赤水河流域部分地区旅游总收入

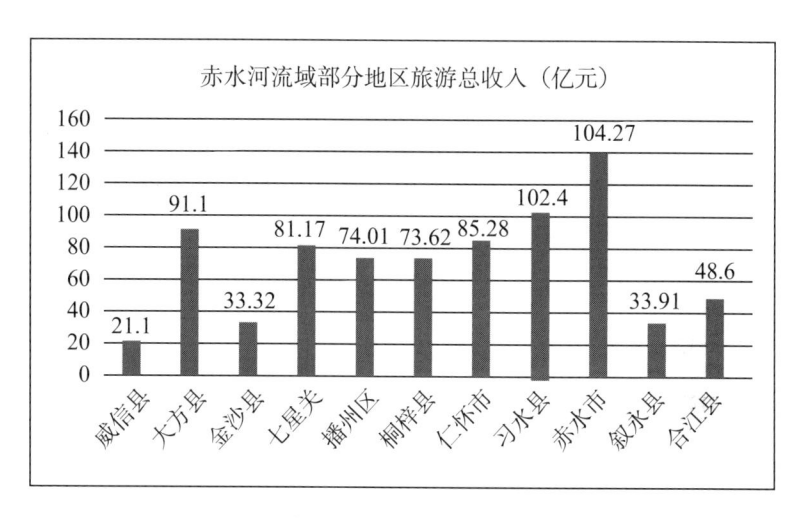

图1-3 赤水河流域部分地区旅游总收入

## 4. 发展战略

2020年是"十三五"收官之年和"十四五"开局之年，也是全面建成小康社会胜利之年。在此期间，赤水河流域各级政府坚持以习近平新时代中国特色社会主义思想为指导，深入贯彻党的十九届二中、三中、四中、五中全会精神，以高质量发展统揽全局，立足新发展阶段，贯彻新发展理念，融入新发展格局，把握时代发展机遇。在经济发展战略布局中，各级政府深度融合成渝双城经济圈和长江经济带发展战略，产业发展以融入成渝双城经济圈发展为依据打造自身产业与成渝经济圈链条配套体系。赤水河流域的发展战略服务于国家发展战略大局，抓住时代发展机遇，着力解决发展过程中的突出矛盾，补齐发展短板，强化巩固脱贫攻坚成果与乡村振兴战略的衔接，立足于高质量发展，推进新型工业化战略。

（1）乡村振兴战略

赤水河流域经济发展基础相对薄弱，在经济发展过程中，三农问题成为赤水河流域高质量发展的约束条件。赤水河流域农业生产总值不高，城乡发展差距偏大，城乡居民可支配收入相差较大。农村产业提供的就业条件有限，农民就业问题解决难度大，因此，脱贫成果的巩固对政府的治理提出了新挑战。统筹做好巩固拓展脱贫攻坚同乡村振兴的有效衔接，是当地政府全面贯彻新发展理念的抓手。赤水河流域各级政府加大对乡村的基础设施投资，改善农村发展的条件，补齐农村基础设施的短板。完善防止返贫机制，推动当地农业产业高质量发展，发展壮大农村集体经济规模，是赤水河流域各级政府的工作重点。

第一章 以协同治理推动赤水河流域高质量发展的机制与模式研究

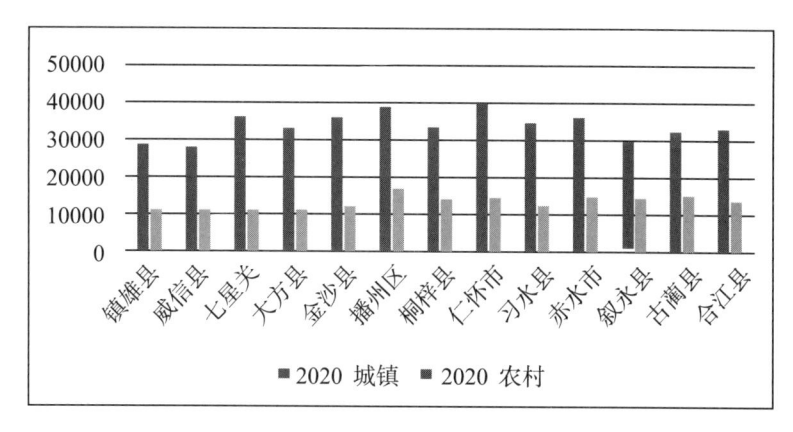

图 1-4 2020 年赤水河流域部分地区农林牧总产值

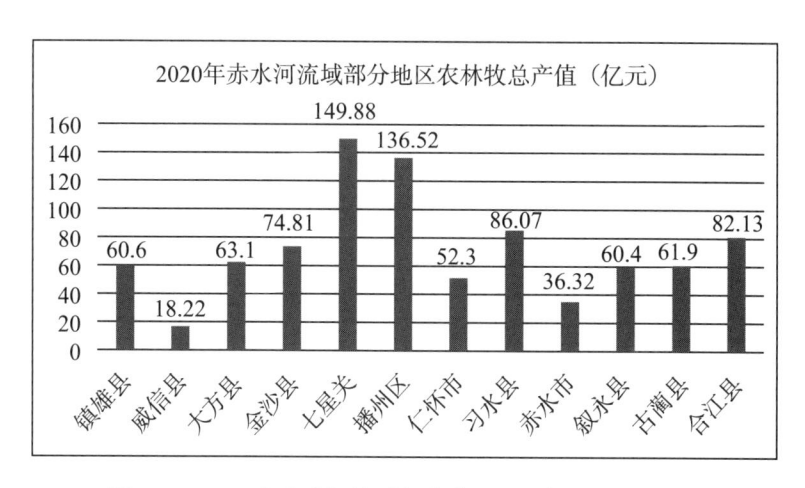

图 1-5 2020 年赤水河流域部分地区居民人均可支配收入

（2）新型工业化战略

赤水河流域发展立足于实体经济，推进高质量工业体系的发展，统筹推动稳增长、调结构、促改革来促进产业的升级和优化。赤水河流域产业的分布，中上游以煤炭热电的资源禀赋型行业、中游以白酒行业、下游以旅游服务业为主导，产业的资源特征明显。各行政区产业规划基于推进"传统特色优势产业的升级与优化，新兴产业的培育，加强产业园区聚集建设力度，整合当地资源优势，延长产业链条"的发展战略。

例如金沙县转变发展方式，持续优化产业结构，推进煤矿、热电等传统行业加速发展，大力发展新型建材、电子信息等新兴产业，形成推动经济高质量发展的新增长极。习水县做大做强白酒产业，有序推进煤矿企业兼并重组，加大页岩气勘探开发力度。仁怀市紧紧围绕"世界酱香白酒产业基地核心区"建设目标，大力推动工业强市发展战略，促进工业高质量发展，全力服务茅台集团，推进酱香酒品牌集群发展，促进品牌与质量的双提升。赤水河流域把握时代发展机遇，立足于成渝双城经济区建设和长江经济带建设，整合自身资源优势，推进传统优势产业高质量发展，积极布局和培育新兴产业，补齐原有工业发展聚集不足的短板，推动产业园区建设。

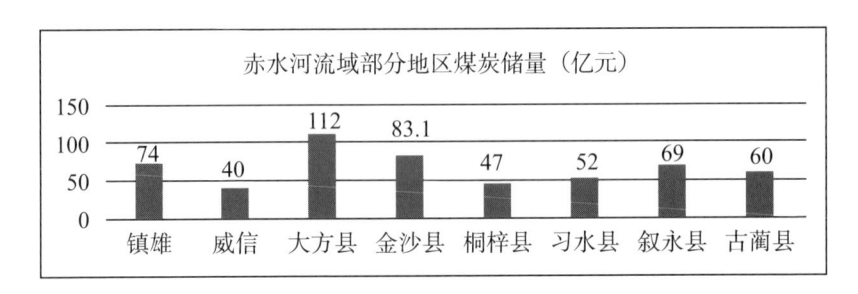

**图 1-6　赤水河流域部分地区煤炭储量**

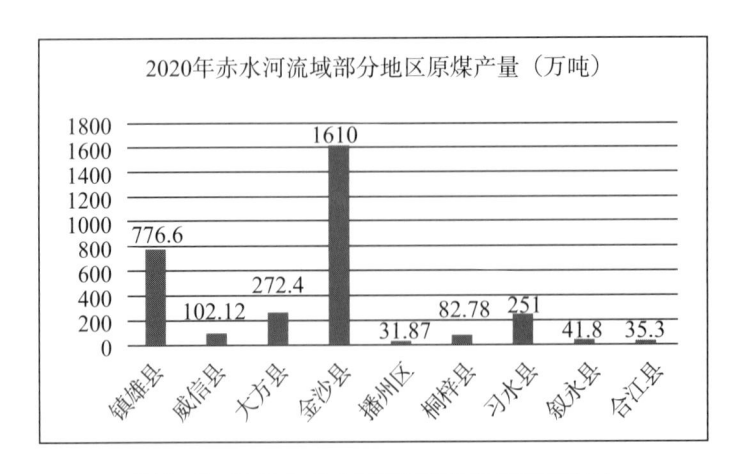

**图 1-7　2020 年赤水河流域部分地区原煤产量**

2020年赤水河流域部分地区白酒产量（万千升）

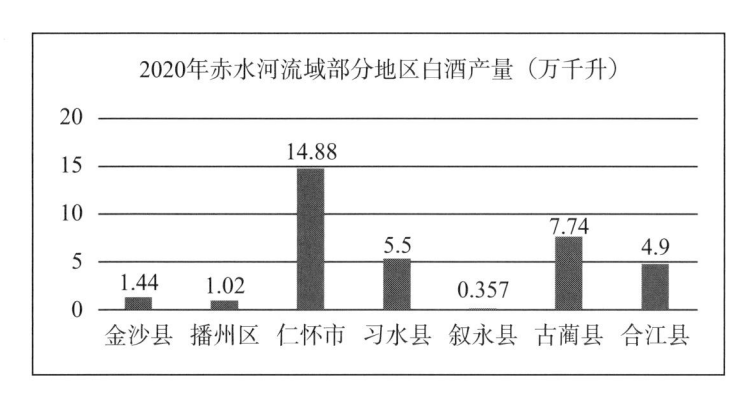

| 地区 | 产量 |
|---|---|
| 金沙县 | 1.44 |
| 播州区 | 1.02 |
| 仁怀市 | 14.88 |
| 习水县 | 5.5 |
| 叙永县 | 0.357 |
| 古蔺县 | 7.74 |
| 合江县 | 4.9 |

图1-8 2020年赤水河流域部分地区白酒产量

## （二）赤水河流域协同治理的难点分析

随着赤水河流域协同治理实践进程的推进，体制机制的建设在现实中出现了一些新的治理难点，主要表现在生态保护、产业协同、文化协同和府际协同几个方面。

### 1. 生态保护缺乏可持续的动力

赤水河流域流经13市县，流域内多样的气候条件和多样的地理条件孕育了丰富的生态系统、多样的物种和良好的生态资源。随着赤水河流域经济和社会的发展，生态环境与经济的保护之间的矛盾愈加突出，生态系统受到严峻的挑战，主要存在以下问题：

物种多样性受到威胁。赤水河流域复杂的地理条件和气候条件孕育了多样的生物，物种资源丰富，国家珍稀保护动物种类多。生产活动中所产生的污染导致一些生物的栖息和繁殖活动受到影响，生物物种数量急剧减少。

水土流失严重。赤水河上游地区地理条件和气候条件导致上游地区水土涵养能力较低，赤水河流域上游多以山地和陡坡为主，森林覆盖率较低、年降水量丰富造成水土流失严重。上游地区经济欠发达，经济的发展主要依靠农业和采矿业。农业生产方式粗放，单纯依赖资源投入增加农业产值，因此造成了土地涵养功能的退化，土地水土保持能力降低。采矿活动造成土地地质异变，废水和废渣造成土地的植被和森林覆盖率降低，暴雨时节，雨水会把大量的泥土带到赤水河，水土流失严重。

水质存在恶化风险。上游的农业生产方式粗放，化肥和农药随雨水流入河中，造成水中氮氧化物含量超标。中游地区制酒企业在生产过程中产生大量废水和废渣，当地在污染治理方面投入不足，基础设施相对落后，导致废水和废渣未经有效处理而排入赤水河，造成水体污染。

赤水河流域现阶段污染形势严峻，只有找出治理难度大的原因，才能充分认识赤水河的治理现状，在治理体制的改革和建设中对症下药，提升治理政策的有效性。笔者认为，赤水河流域污染治理难以深入的主要原因有以下几点：

第一，流域内行政管理协同较为困难，缺乏协同治理的内在动力。赤水河流经川滇黔三省，横跨云南省昭通市、贵州省毕节市和遵义市、四川省泸州市，涉及十三县（区）。流域内地形以山区为主，交通不便。同时由于县（区）之间经济发展存在巨大的差距，在社会治理的能力和目标上存在一定差异，在治理的政策和规划上也存在一定冲突。上游地区为了经济发展造成河流污染，中下游地区政府难以对上游地区政府行为形成有效的制约。

第二，产业发展粗放，缺乏协同治理的经济基础。赤水河流域经济发展水平落后，全流域地区主导产业资源性特征极为突出，结构简单，因此造成产业的附加值较低和产业的升级和技术改造动力不足，在经济发展中难以形成有效的人力资本和产业优势。上游地区以煤矿、化工产业为主，严重依赖当地资源优势发展。中游地区大多以制酒业为主导产业，当地的工业产值和税收贡献主要来源于制酒业，地方经济具有突出特色的同时，也面临较为显著的"路径依赖"局面。下游地区工业经济发展水平较高，但受区域经济地位影响和发展纵深限制，产业距离高质量发展的目标还有相当的距离。

第三，生态补偿市场化机制缺乏，缺乏协同治理的制度保障。生态补偿的纵向和横向机制建设不成熟，使得参与的市场主体在环保政策执行方面缺乏相应的动力。从政策来看，中央财政会对主体生态功能区进行财政转移支付，生态修复作为基本要求、生态补偿作为基本手段的生态文明政策框架已经建立起来，但政策落地一方面需要政府的作为，另一方面也需要社会和市场的积极参与。社会和市场的参与是更为根本的问题。从目前情况看，政策措施和手段激发市场参与渠道不宽、影响不够的情况在流域治理中表现较为突出。生态补偿作为一个财政投入渠道得到了地方的认可，但生态补偿市场化投入手段的作用发挥显然不足，主要表现为地方对财政在生态方面的投入很欢迎，但在实际执行过程中，参与流域生态建设的市场主体寥寥可数。

## 2. 产业协同缺乏上下游布局支撑

赤水河上游地区主要发展以采矿、煤电为主导的重工业生产体系，中游地区则以制酒业为主导产业。上游和中游地区工业化水平仍然较低，主要表现在上中游地区的工业化生产能力和生产技术薄弱，产业发展严重依赖于当地的资源禀赋，产业结构相对简单，第一、二、三产业协调发展优势相对薄弱。基于当地经济发展水平的约束，产业升级的动力不足，产业供应链条较短，产业积聚优势不明显。中上游地区产业集群度低，产业发展存在技术、知识、人力资本和基础设施等因素的制约。上下游地区产业结构的互补性和协同性不足，导致其在市场中的竞争力不强，产业利润低下，这就进一步弱化了当地产业投资的动力，使得经济结构调整和产业升级的动能不足。

## 3. 文化协同缺乏市场主体支撑

党的十八大以来，党中央特别重视红色文化的传承和弘扬，红色文化的传承和弘扬需要借助红色产业形式，同时红色文化本身具有的历史、政治、文化价值使得红色文化的传承和弘扬具有现实和历史意义。赤水河流域作为革命老区、红色文化聚集宝地，建设好革命老区既有当代的战略意义，也具有历史价值，因此革命老区的建设历来受到党和政府的高度重视，革命老区的建设既要依靠政府的政策和资金投入，又要充分发挥当地资源优势。赤水河流域内少数民族集聚，历史悠久，白酒产业发达，因此赤水河流域具有丰富的红色文化、民族文化、白酒文化。合理开发和利用赤水河流域红色文化资源，不仅能够发挥这些红色资源的历史、政治、文化价值，而且能够发挥经济价值。合理开发这些资源，可以带动流域经济的发展。由于红色文化产业实践时间较短，对红色文化产业的发展认识不足，红色产业的建设过程中存在难点。目前随着"四渡赤水"主题场景建设及其红色教育活动的持续展开，在赤水河流域已经形成了红色文化建设的热潮，红色资源挖掘、红色文化打造和红色旅游发展相互配合，成为地方经济社会发展中一个极为显著的现象；但同时也面临诸多问题，如地方政府亲自操办、直接投资较多，市场化手段缺乏，在对待红色文化的建设上动力不足，在总体的建设过程中偏重一次性投入、缺乏后续支持措施、重视文化功能而轻视文化产业融合，市场主体缺乏对红色资源、红色文化的正确认识和可持续参与动力。不解决这些问题，赤水河流域以文化协同促进流域治理协同的目标就难以实现。

## 4. 府际缺乏有效的协同治理主体

目前，我国流域治理存在流域各地方政府联席会议召开频繁但协同效果并不好，出台流域治理文件较多但执行效果与预期效果存在偏差的问题；流域治理协调机制在一定程度上存在着形式大于功能的问题；流域治理协同机制约束力不强，同一流域不同地区治理效果不同等问题。究其原因是地方政府和部门基于自身利益难以自发形成府际协同，流域治理也未形成高于行政区划的府际协同治理主体。横向府际协调受行政管理体制的影响，横向协调度不够，例如在经济领域中存在的流域内竞争；纵向府际协调受传统科层体制的影响，政策执行效力受限，例如在生态建设过程中存在的上层与下层内在激励的差异；流域信息协同的主体机构缺失，例如生态保护信息发布的机制缺失，等等。由此观之，以行政主体为核心的综合治理模式使得行政主体之间根据行政区域各自发展和建设逻辑形成的治理思路之间很难形成切实的、全方位的治理模式；以市场主体为核心的经济运行在客观上也很难对全流域的综合治理形成内在的治理参与激励。所以说，缺乏能够跨越行政主体和市场主体的治理主体，是流域难以实现协同的关键。而要解决这一问题，还必须从协同府际协同开始破题。

## （三）赤水河流域协同治理的可能切入点

根据以上的问题与难点分析，赤水河流域实现协同治理可以从以下几个方面加以展开。

## 1. 充分运用可开发的潜在生态价值

从自然条件来看，流域特殊的气候环境和地形条件孕育了多种多样的物种。从河水本身看，赤水河适合鱼类栖息和繁殖的特殊地形和水文条件造就了河流中丰富的鱼类资源。生态是自然资源也是生产要素，良好的生态环境可以有效促进经济的发展，也可以提升当地城市和乡村的发展水平。

生态价值的开发倒逼地方政府协同治理机制的建设。赤水河流域经济发展水平落后，生态治理过程中出现"守着青山绿水饿肚子"的现象，生态保护的可持续激励不够和动力不足。生态作为一种生产要素和资源在生产和发展中发挥着重要的促进作用。因此，生态价值的开发和利用要注意合理的发展模式，不能靠牺牲生态的可持续性来换取经济的发展。赤水河流域横穿三省四市，流域行政治理主体多元，各行政治理和开发主体之间利益诉求及治理水平不同，各地以满足自身生态价值需求的开发方式与流域整体利益存在矛盾，碎片化决策难以符合流域整体利益，集体行动的激励受到体制的束缚。在经济发展与生态开发协调推动的过程中，合理开发生态资源需要各地政府协调产业发展与社会治理的机制建设。生态资源的开发所面对的体制机制的约束进一步倒逼地方政府治理体系的改革，倒逼各地方政府全方位合作机制的建设，因此生态开发为解决协同治理的现实问题提供了一种新的思路。

## 2. 文化资源开发战略空间广阔

红色资源开发应以旅游产业作为价值实现的载体。赤水河流域遗存着无数见证革命历程的故事，因此红色文化是赤水河流域文化的主题。开发文化资源对于发展赤水河流域经济是一条切实可行的路径。随着经济的发展和人民生活水平的提高,红色旅游消费呈现迅速增长态势。作为红色文化资源丰富地区,着力红色资源旅游业的发展,是赤水河流域协同治理的重要内容。由于发展理念落后和认知缺乏,红色文化产品供给难以满足消费者追求高质量旅游产品的需求。

政府在红色旅游产业发展中的主导作用在于旅游产业的规划要以全流域的资源和经济协调发展作为依托,要加强红色资源产业发展的顶层设计,加大基础设施建设的政府投资,加强法律法规的制定和行业监管标准的全流域一体化。红色资源是以红色文化为依据,红色文化在全流域的分布具有整体性,以行政区域划分的红色旅游产业共同构成了赤水河流域的红色旅游产业系统,因此府际应以红色旅游资源的开发作为抓手,努力加快体制机制的改革,完善行业发展的协调机制。政府合作发展红色旅游产业要尽快在基础建设、经营模式、投资主体和收益分配上找到突破点。旅游产业的经营要发挥市场机制,提升红色产业的可消费性,降低红色产业的运营成本。市场机制的引入可以有效补充政府在开发红色文化资源上的短板,为红色文化资源高质量发展提供动力,有效提升文化产品的供给质量。

## 3. 发挥产业体系建设的引领作用

流域内产业发展应当增强产业关联性和集群性。赤水河流域上下游间的产业协调发展不足,主要表现在:(1) 各地区产业的发展选择主要依靠当地自然资源,产业的发展水平低,工业产品的附加值不高,产业的技术水平和生产方式较为落后。(2) 各地产业之间相互独立,产业集群发展受阻,造成产业所对应的供应链太短,地区产业发展规模经济效应难以实现,工业产品成本高,市场竞争力不强。各地政府应以全流域视角规划和建设产业群,降低资源依赖型产业在工业生产中的占比,以产业链之间的互补性和集聚性作为规划依据,增加工业生产链条的长度和工业品的附加值。

产业多元化是经济发展和产业升级的必然结果,也是衡量一个经济体成熟的重要因素。现阶段赤水河流域产业发展结构相对简单,例如一些城市制酒业占据当地工业生产总值比例过大,城市的发展紧紧捆绑在该行业中。行业发展良好,地方政府的财政基础好,城市公共服务完善,城市人口流入较多,形成一种良性循环。如果行业市场环境发生变化,城市没有其他产业来对冲主导产业衰退的影响,那么地方财政收入就会出现匮乏,城市公共服务,进而导致城市人口外流,甚至经济发展的衰退及至停滞。产业发展要以全流域的视角进行规划和布局,产业结构应当多元化协调发展,才能提升城市可持续发展的动力和竞争力。全流域产业的协调发展要求统一市场的建设,市场体制规划和建设应以赤水河流域经济带为依据,促进全流域资金、劳动力、技术的自由流动,降低市场交易成本。加强行政区域治理体制的改革,以协同治理为基础,强化各行政区域产业发展的协调性和联动性,在基础设施的建设上要以赤水河流域为视角来进行统一的规划,通过多方政府联动的投资提升基础设施的供给力度,优化赤水河流域的营商环境,吸引产业资本的投资,以促进产业结构的升级,使产业集群和区域布局更加合理。

## 4. 夯实府际协同良好法治基础

行政区域碎片化的管理是赤水河流域污染治理的新困境。赤水河流域经济发展水平在各行政区域差距较大,流域治理的系统性要求各地区所承担的具体治理任务不同。环境污染的跨行政区域影响各地的产业发展,上下游之间利益相关性较大。中下游地区享受到环保红利难以通过补偿机制分配到上游地区,上游环保治理主体激励不足,严格执行环境保护规划和法规的动力缺乏。行政区域的碎片化管理在赤水河流域的治理上出现权责失衡、规划模糊、考核片面、信息闭塞等问题。

府际的协同治理重点在于建立三省联防联控制度，应以全流域整体利益来强化和建立互动、协调、资金、评估、规划的制订和执行机制。赤水河流域的治理进程随着人与自然矛盾的突出，各地治理主体环境保护理念的变化，在云贵川三省合作立法层面取得了新阶段的胜利。基于赤水河流域治理主体的多元化、利益主体的多元化，以法治河的新路径受到现实体制不完善的制约。立法工作取得新进展在具体地方政府的执行过程中受到地方经济发展利益诉求的制约。因此，府际协同治理要强化三省的联防联控机制，在立法过程中要通盘考虑全流域地区的利益保护和补偿，经济发展规划要以全流域视角增强各行政区产业的联系性，增强各行政区利益之间的捆绑紧密度。以利益保障的立法可以有效促进法律法规的落地实行，有效拓宽协同治理资金的来源渠道，推进信息共享机制的建设，降低行政区域之间生态补偿的难度。

## 三、"双中心"战略架构中赤水河流域高质量发展的策略研究

赤水河流域作为长江上游地区关键的支流区域，是长江流域生态文明建设的必要区域，也是长江经济带上游南翼向纵深延伸的重要区域、成渝地区双城经济圈南翼地区协同承载国家重大生产力布局的腹地区域、长征公园建设的重要线路段。赤水河流域的高质量发展，事关新一轮西部大开发形成新格局，事关西部陆海通道建设和运营，事关新发展阶段下新发展格局在我国西部地区的具体形态与发展水平。推动赤水河

流域统筹运用自身发展资源，形成更具通道性、整体性和内生性的高质量发展模式，必须在实践中坚持全面体现新发展理念的要求，围绕"产业中心＋物流枢纽"的"双中心"战略结构，构建生态文明建设和高质量发展协同推进的新局面。

## （一）构建赤水河流域"双中心"发展架构的战略定位

近年来，川滇黔三省围绕赤水河流域生态保护、红色资源保护开发和利用，联合立法，加大对赤水河流域重点工作的协同推进力度。这些法律文件的出台，充分反映了三个省份和对应市、县地方政府对赤水河流域发展问题日益提高的关注度，以及通过政策倾斜推动赤水河流域走高质量发展道路的战略意图。赤水河流域有必要形成更具针对性的发展模式，以更高水平的通道建设服务新发展格局，以更具竞争力的产业经济发展持续壮大流域内生发展动能，以与流域融合度更高的枢纽经济建设持续拓展流域对内对外开放空间。

从区位条件上看，赤水河流域地处西部陆海西通道和中通道之间。当前西通道和中通道的建设正在进行过程中。一旦完成建设，西通道和中通道将为西部地区对外开放提供更具竞争力的物流基础条件。对于赤水河流域的发展而言，把握好西部陆海通道的建设机遇，其重要性不言而喻。因此，赤水河流域应把握好以下几个基本的发展定位，围绕流域高质量发展目标进行战略布局。

第一章 以协同治理推动赤水河流域高质量发展的机制与模式研究

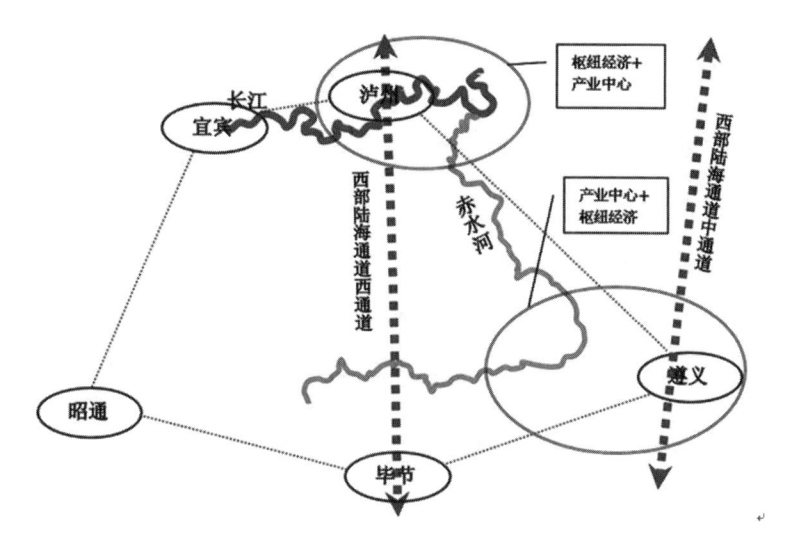

图 1-9 赤水河流域生态保护和高质量发展"双中心"战略布局示意图

第一，注重通道建设，建设服务国家战略的枢纽经济。在通道沿线具备条件的地方，建设枢纽经济，是"十四五"时期国家区域协调发展战略和流通体系建设的要点所在。而枢纽经济的建设，一方面来自国家流通体系建设重要节点地区的战略布局，另一方面则来自通道沿线传统的经济和产业中心。按照长江经济带发展规划的决定，这类地区更多是从地级市的角度来加以规划的。由此出发来看赤水河流域的发展，处于中游的遵义市和处于下游的泸州市，显然具备建设枢纽经济的基本条件。两个城市均是西部陆海通道经过的城市，泸州是长江经济带沿线城市，且是国家自由贸易试验区所在地，自然区位条件和战略定位均十分突出。遵义市是赤水河流域经济总量最大、产业结构最具工业经济特征的城市。相比较而言，泸州的枢纽经济特征更为明显，而遵义的产业中心特征更为突出。在赤水河流域以遵义市和泸州市作为"双中心"，促进通道建设和区域经济融合发展，是带动赤水河流域以更高水平融入长江经济带发展的有效战略。这是"双中心"的第一个含义。

第二，注重以"同"促"通"，构建流域内有效竞合结构。流域内经济布局的"双中心"，是尊重赤水河流域自然地理和经济条件的战略选择。尽管赤水河流域在传统意义上为川黔交通的关键通道，但这一通道的存在和作用的发挥，是以极为低下的交通条件和特殊的生产生活物资需求作为前提的，例如历史上贵州地区对川盐的需求。因此，赤水河流域在传统上的通道功能，是建立在流域地跨川滇黔三省的特殊地方经济形态之上的。换言之，是赤水河流域特殊的经济形态与有限的交通条件一起，形成了流域通道功能的两个重要支撑点。流域内经济的"同"是实现流域"通"功能的重要条件。这一点与交通条件良好的大江大河或平原地区相比较，是最大的差异。在赤水河流域，流域内部经济交流越活跃，通道功能就发挥越好；反之，功能发挥就会打折扣。因此，沿赤水河形成了众多的乡镇乃至城市，整个流域经济呈现出较为分散的状态，就是其特殊经济形态的最直接体现。随着工业化进程的加快，赤水河作为航道的通航功能进一步下降，以公路和铁路为标志的新交通网络已经替代传统的水道和路网，成为"通"的主要载体。在新的交通条件影响下，赤水河流域经济向发展区位条件较好的区域集中的态势极为明显。采用"双中心"模式，就是顺应集中趋势，将目前经济和人口的集中趋向区域确定为中心，突出泸州的流通优势，突出遵义的产业优势，使两座城市协同成为赤水河流域的产业中心和经济枢纽。"双中心"不仅意味着赤水河流域在中下游有两个经济和人口的集中区域，更意味着两座城市在促进流域发展进程中，要通过有效的合作和充分的竞争，在突出各自优势的基础上，提高经济协同度，进而实现以"同"促"通"的战略目的，这是"双中心"的第二个含义。

第三，注重丰富"同"的内涵，促进通道建设与流域治理深度融合。从当前流域治理的战略部署来看，生态、产业、文化和政府四个方面的协同是流域治理的关键。这既是国家战略要求,也是流域高质量发展的必然选择。有效促进这四个方面的协同,是赤水河流域"双中心"建设必须要解决好的问题。生态建设要注重"同标准",流域上中下游要以流域生态保护事项的优先顺序作为决策基本依据,稳步推进流域生态保护进程。产业发展要注重"同中心",鼓励产业向优势地区、要素聚集地区集中,鼓励"双中心"产业链向供应链靠拢,实现产业链和供应链的深度融合。文化建设要注重"同品牌",流域上下游共同塑造流域文化品牌,形成共同文化场景打造、文化理念培育和文化产业建设。政府治理要注重"同主体",流域应围绕综合治理,积极探索和构建行之有效的流域综合治理主体,充分发挥市场在资源配置中的决定性作用,更好地发挥政府作用,为流域的高质量发展奠定现代化的治理体制基础,这是"双中心"的第三个含义。

## (二)以"双中心"战略推动赤水河流域走高质量发展道路的战略目标

在推进"双中心"建设、实现流域生态保护和高质量发展的进程中,应结合赤水河流域自身的发展基础和国家战略要求,围绕以下几个战略目标推动更高水平发展,使赤水河流域成为全面体现新发展理念的综合治理示范区域。

建设以特色产业为中心的流域现代产业体系,培育流域发展新动能。产业发展是赤水河流域形成内生发展动力的关键所在。要认识到以白酒产业为主要标志的赤水河流域产业具有根植于流域的不可复制性。也要认识到,这一产业的兴衰足以从根本上影响到流域经济的发展起落。因此,一方面,以这一产业为主要标志,不断提升产业发展品质,构建高质量发展的流域经济体系,是发展动能得以维持和提升的关键所在。另一方面，着眼现代经济体系，以支柱产业为龙头，充分发挥产业的极化作用，充分发挥产业在流域经济中的影响力，实现流域现代产业体系的壮大，为流域经济塑造更具可持续性的增长动能。

全面落实绿色发展战略要求，夯实流域发展新基础。应当认识到，赤水河流域传统优势产业的兴起首先来源于赤水河独特的自然地理条件。独特的自然地理条件为优质的产品创造了客观条件。在新发展格局中，维持赤水河流域的产业优势，首先必须在保持流域独特的自然地理条件上下功夫。优质的产品是产业能够保持核心竞争力的关键所在。从这一角度看，企业、政府和社会形成合力，保持、提升赤水河的生态品质，持续创造生态价值，拓宽流域生态承载空间，始终在长江经济带生态建设方面走在前列，是流域高质量发展的关键所在。

着力构建域内协同机制，拓展流域发展新格局。还应当认识到，赤水河流域传统优势产业的兴起也与赤水河流域承担的通道功能的独特性质息息相关。独特的自然地理条件是优质产品的客观保证，但独特的通道功能承担方式为优质产品的推广创造了良好的市场渠道和社会氛围。从流域的战略高度上看，赤水河绝不是一个或几个产业积聚的"点"，而是由产业、通道构建的"线"，以及由经济的"线"交织起来构成的"面"。有特色的"点"必然是建立在有特色的"线"和"面"基础之上的。由"点"到"线"以至于"面"，就是流域内协同活动不断延伸，流域发展格局出现根本性变化的过程。加强流域内的综合协同机制构建，是在赤水河流域交通区位条件出现重大变化的关键时期，维持和拓展流域通道功能，进而为产业高质量发展创造市场新格局的内在要求。

建设具有区域影响力的枢纽经济，壮大流域发展新空间。赤水河流域作为长江经济带上游地区的重要支流，本身就具备重要的承载长江经济发展的辐射功能，是长江开发轴线向西南地区延伸的重要方向之一。在流域内建设辐射西南、联系西南与华南的通道，在此基础上结合产业发展和城镇化趋势，发展具有区域重要性的枢纽经济，是西南地区流通体系建设的必然战略要求，也是赤水河流域在新发展格局中能够在流域内协调、流域外开放的统筹推进中提高和维持影响力的关键所在。要认识到赤水河流域的枢纽经济建设与产业中心建设同等重要，枢纽经济与产业中心重叠是战略必需，在实践工作的推进中要引起高度关注。

新发展格局的构建过程，是国家发展战略落地、生产力布局出现关键性调整的历史过程。加强对这一过程的全局把握，是落实发展战略、确保发展方向，以及保障发展惠及全体人民的必然要求。要认识到赤水河流域的发展机遇是在全国生产力布局重大调整的战略中形成的。赤水河流域发展模式的彻底变革，必然也会在全国发展格局的变化进程中完成。赤水河流域能够在多大程度上把握这一发展机遇，取决于流域上下游能在多大程度上凝聚起合力，共同推动国家战略在流域的全域实现。加强党对赤水河流域高质量发展的全面领导，统筹推进协同治理，是流域发展取得新成效的重中之重。

## （三）以协同治理推进赤水河流域生态保护和高质量发展的战略实施谋划

突出流域重点，围绕关键区域，着力建设流域协同治理示范区。传统意义上，赤水河流域是西南地区"白酒金三角"的构成部分。联系这一三角区域的基本通道是长江和赤水河两条河流。可以预见，在西部陆海通道建设的进程中，推动西通道和中通道沿线的泸州、遵义和毕节三市，在通道和区域经济互动过程中形成新的"通道金三角"的可能性。因此在谋划发展的进程中，有必要对"通道金三角"的内部联通形态、经济结构进行研究和前瞻性布局，以更好把握新的发展机遇。尤其要重视传统的"白酒金三角"和"通道金三角"的重叠区域。从图1-10中可见，这一区域正好与赤水河中下游区域完全重叠，是流域实现产业链、供应链深度融合的核心腹地。因此，在赤水河流域协同治理的战略谋划过程中，应高度重视西通道的建设，在泸州和毕节之间的中间区域，即四川古蔺县、叙永县和贵州仁怀市一带，探索川滇黔三省在赤水河流域进行协同治理的可行机制，为两个三角区的重叠区域培育和形成发展空间创造条件。

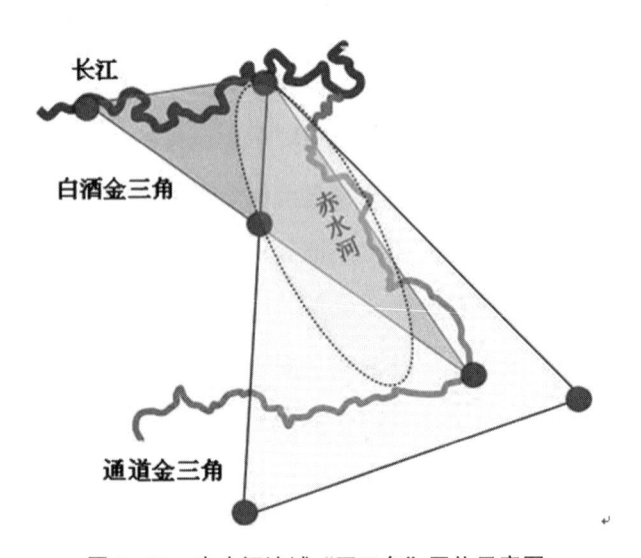

图1-10 赤水河流域"双三角"区位示意图

强调战略要求，创造生态价值，形成合力推动生态保护。推动赤水河流域高质量发展，需要沿河各地形成合力。首要的合力就是流域生态治理。要认识到，赤水河流域提高生态文明建设水平的动力，既源自内在的发展需要，又源自国家生态文明建设战略落实的需要。这两个方面的需要，是相互促进、相互支撑的。自然并不会永续为产业发展提供不竭的动力。流域生态价值的规模是决定流域经济产出的基本约束项。流

## 第一章　以协同治理推动赤水河流域高质量发展的机制与模式研究

域产业的高质量发展源自对流域生态价值的识别、发现、创造和利用。因此，对赤水河流域产业和其他经济活动的基本判断标准，应以是否创造生态价值作为基本前提，才能在制度层面形成流域生态治理的持久合力。

破题协同机制，服务长征公园建设，塑造赤水河流域文化品牌。文化是赤水河流域高质量发展的第二个重要合力来源。流域文化的类同性是自然环境、经济业态、生活传统类同性的集中体现，同时文化的类同性在经过社会认同后会进一步提升流域作为整体的辨识度。因此，文化是推动流域走协同发展道路的重要领域、重要渠道和切入手段。赤水河流域作为多元文化集中呈现的区域，近年来，随着红色文化和资源的保护、利用和开发，以长征文化为主要标志、以长征公园建设为主要载体的文化建设过程正在快速推进中。应抓住这一机遇，以红色文化建设为引领，整合其他文化因素，形成具有赤水河流域特征的文化品牌，以此形成合力，破题流域协同发展。

夯实产业基础，培育赤水河流域产业中心和枢纽经济。产业是赤水河流域的第三个重要合力来源。遵义和泸州作为流域两个重要的中心城市，以坚持产业链和供应链协同发展的基本原则，共同打造产业中心和枢纽经济。赤水河流域之所以能够形成标志性产业，关键还在于产业与通道相互作用、相互促进。在加快构建国内大循环的建设格局中，有必要充分发挥赤水河流域这一发展模式的优势，根据新的通道建设布局，有针对性地促进新枢纽经济与产业经济的深度融合，形成产业建设与流通体系建设相互促进的发展局面。

构建协同空间，突破行政区划限制，夯实流域协同治理体制基础。流域治理的第四个合力来源在于流域内部的协同治理。构建覆盖赤水河全流域的综合治理体制，首先需要根据流域发展的阶段性特征，培育有针对性的功能性治理主体，厘清治理对象，明确治理责任。其次需要根据流域的重要治理领域，逐步拓展治理范围，并在此基础上形成流域协同治理体制。协同治理不是一般意义上的行政治理主体之间的配合或协作，而是针对流域形成的治理主体整合、组织整合、功能整合。赤水河流域协同治理水平的高低，是反映流域高质量发展水平高低的一个直接判断指标。

### （四）赤水河流域协同治理战略执行的几个关键探索领域

以协同治理推动赤水河流域生态保护和高质量发展，是基于新发展阶段对欠发达地区发展模式的全面反思。在实践探索中，应围绕协同治理"如何形成共识""如何把握机遇""如何抓住重点""如何促进协同"等关键问题，以改革创新为根本方法，依照全面体现新发展理念、积极服务国家战略、着力提升流域自我发展能力的原则，探索富有赤水河流域特征的高质量发展模式。

文化建设优先，探索流域文化品牌塑造新机制，推动流域走共同富裕道路的社会共识形成。以遵义会议和四渡赤水为标志的长征文化建设，是赤水河流域目前已经在做，而且在可预期的未来规模还必定进一步扩大的文化建设活动。赤水河流域应围绕这一文化建设活动，进一步塑造文化品牌，探索新机制，有效促进以红色文化为标志的赤水河流域多元文化生态的形成，打造流域文化品牌；有效促进文化建设战略与流域高质量发展战略相融合，实现文化建设的点位、场景向流域高质量发展的关键区域、场所集中、重叠和交汇；有效促进市场主体参与文化建设，将文化建设活动融入市场主体的经济活动中，推动形成文化建设与经济建设深度融合的发展局面。

## 第一章 以协同治理推动赤水河流域高质量发展的机制与模式研究

通道建设破题,探索夯实通道基础建设新策略,以更为活跃的流域经济融入新发展格局。赤水河流域应进一步加强在通道建设方面的协同,深化对通道建设形成的互联互通新格局的变化趋势认识,以此为基础,通过机制创新,积极参与通道建设,以及与之相适应的流通体系建设,争取在通道建设过程中更为充分地体现流域发展的现实需要;通过区域经济和城镇发展战略的调整,推动通道建设与区域经济发展的高度融合,既留住通道带来的人流和物流,也为通道吸引更多的人流和物流。

赤水河流域在推动生态保护和高质量发展进程中,一方面要促进人口向中心地区集中,另一方面也要形成壮大市场主体的良好营商环境,为更多的本地企业创造更多的机遇。除食品饮料行业和流通行业,赤水河流域在乡村振兴、数字经济等领域,应着力培育多元化市场主体,应高度重视市场主体的所有制结构,依托市场竞争机制,充分发挥不同所有制经济的优势,高度重视国有经济在基础设施建设中的主体优势,及民营经济在保障民生和城镇服务方面的主体优势,推动多种所有制经济的共同发展。

协同机制创新,探索流域治理主体培育新模式,全面呈现治理现代化创新成就。流域过去并不是传统意义上的综合治理区域,而是基于生态文明建设,或者依托流域灌溉、防洪特定领域形成的有针对性的功能性治理对象。基于这一定位设计的流域治理主体,往往比较突出其特定功能的治理方面。通过这种有限的功能-责任对应关系设计,在实现流域治理特定功能的同时,也与流域覆盖区域的行政区划进行区分。也就是说,在涉及流域治理主体被赋予的治理领域事务时,流域治理主体承担责任,否则由地方政府承担责任。新发展阶段,流域作为一个综合治理对象,本身就明确了对其进行综合治理的必要性和必然性。新的流域治理必然不同于传统的流域治理，而是跨越行政区划的跨区域治理，由此形成的经济区域、生态区域与传统的行政区域分离的情况，在治理过程中应给予高度关注，并采取有效措施加以应对。

# 第二章 DIERZHANG
## 赤水河流域协同治理研究

# 第二章　赤水河流域协同治理研究

赤水河是长江上游的重要支流，发源于云南省昭通市镇雄县赤水源镇，流经云贵川三省，最终在四川省合江县注入长江，总长约 436.5 千米，流域面积 2.04 万平方千米。赤水河因红军长征"四渡赤水"而闻名，也因盛产白酒而出名，因此，赤水河又称"英雄河""美酒河"。赤水河连接长江，是长江上游众多珍稀特有鱼类的重要栖息地和繁殖场所，对构建长江上游重要生态安全屏障具有重大意义。加强对赤水河的治理不仅具有重要的生态意义，而且具有重要的经济价值。赤水河因地跨 3 省 4 市 14 个县，对于它的治理需要云贵川三省协同，形成合力。

## 一、赤水河流域协同治理现状

流经云南、贵州、四川三省的赤水河，在长江上游支流中，具有重要的经济和生态价值。红军四渡赤水河，它是"英雄河"；茅台酒厂、郎酒厂用此河水酿酒，它是"美酒河"；赤水河也是长江诸支流中唯一没有修建水坝的"生态河"，是长江上游生态屏障的重要构成部分。在全面贯彻"共抓大保护，不搞大开发"的理念背景下，云贵川三省地方政府建立了合作共治、责任共担、效益共享的赤水河流域生态环境保护治理机制，有效推进了赤水河流域的生态保护与环境治理，实现了云贵川三省在经济、生态方面的共赢。

## （一）赤水河流域协同治理

梳理已有的赤水河流域治理研究发现，关于赤水河流域治理的研究主要是讨论赤水河流域生态环境的治理与开发。赤水河是"生态河、美景河、美酒河和英雄河"，是长江上游流域未修大坝的自然生态河流，具有自然生态河流的条件和优势。[①] 赤水河流域位于川滇黔三省行政区域交界地带，流经我国西部的贵州、云南、四川的13个县市。目前，赤水河流域依然是长江上游生态环境、水质最好的一级支流。促进流域环境保护与经济的协调发展，是地区流域管理的难题。[②] 赤水河流域上中下游具有显著的产业特点。上游主要以煤电行业为主，污染大，过度垦殖导致水土流失严重；中游以优质白酒为主导的轻工产业为主（酒类企业对赤水河流域水环境具有极其重要的影响[③]），但政府发展规划上却突出了重工业发展的重要性；下游地区具有良好的生态环境，并开展了初具规模的自然生态旅游，但在产业发展上受到上中游地区的严重影响和限制。因此，流域产业发展对整个流域的环境保护和经济可持续发展的影响很大，而现行的流域管理却忽视了产业布局的整体考虑。[④]

针对这些问题，四川、云南、贵州三地政府分析赤水河流域环境问题和产业发展之间的关系，以综合流域管理的思想，提出建立全流域统

---

[①] 黄真理. 论赤水河流域资源环境的开发与保护[J]. 长江流域资源与环境，2003（04）：332-339.

[②] 任晓冬，黄明杰. 赤水河流域产业状况与综合流域管理策略[J]. 长江流域资源与环境，2009，18（02）：97-103.

[③] 张丛林，王毅，乔海娟，孙凌凯，董磊华. 酒类企业对赤水河流域水环境的影响[J]. 水资源保护，2015，31（04）：62-66.

[④] 任晓冬，黄明杰. 赤水河流域产业状况与综合流域管理策略[J]. 长江流域资源与环境，2009，18（02）：97-103.

一的环境保护机制；把流域的环境特点转化为经济发展的要素，促进流域环境的保护和经济的协调发展。① 如开展流域综合性保护与发展规划的编制工作，规范流域内酒类企业发展，探索建立排污权交易市场，并提高排污费征收标准，建立稳定可靠的流域水环境保护与治理投融资机制和生态补偿机制等。② 要实现流域的可持续发展，既需要政府、公众、社会组织的多方协力，也需要高效的合作机制和健全的法律法规。③ 在充分征求流域上下游政府部门、其他流域生态服务供给方与服务受益方的需求和意见后，进一步完善赤水河流域生态补偿机制设计，通过赤水河流域水基金信托来实现生态补偿的实施。④

河长制为区域性环境保护管理制度，如何在流域层面实现联防联控是当前河长制推行的难点与薄弱环节。以长江流域典型跨省河流赤水河为例，针对赤水河生态环境保护存在的突出问题，在梳理流域内河长制推行实践的基础上，结合河长制工作的主要任务，总结了主要经验与不足；再从推进流域保护整体规划与立法、促进部门联动与联合执法、规范跨界断面监测评估、严格水量分配调度和完善资金投入激励等方面，提出了河长制下赤水河流域联防联控的政策建议。该制度可为国内其他跨省河流的流域整体性管理保护提供借鉴。⑤

---

① 任晓冬，黄明杰. 赤水河流域产业状况与综合流域管理策略[J]. 长江流域资源与环境，2009，18（02）：97-103.
② 张丛林，王毅，乔海娟，孙凌凯，董磊华. 酒类企业对赤水河流域水环境的影响[J]. 水资源保护，2015，31（04）：62-66.
③ 朱海彬，任晓冬. 基于利益相关者共生的跨界流域综合管理研究——以赤水河流域为例[J]. 人民长江，2015，46（12）：15-20.
④ 郝春旭，赵艺柯，何玥，李赞，董战峰. 基于利益相关者的赤水河流域市场化生态补偿机制设计[J]. 生态经济，2019，35（02）：168-173.
⑤ 吴志广，汤显强. 河长制下跨省河流管理保护现状及联防联控对策研究——以赤水河为例[J]. 长江科学院院报，2020，37（09）：1-7.

## (二）生态共护：横向协作实现生态大改善

### 1. 横向协作提动能

2013年，赤水河流域云贵川三省探索建立三省生态补偿机制，因缺乏法理依据，三省在补偿机制、补偿原则、资金分配等核心问题上难以形成一致意见，生态补偿机制探索一度停滞。从2018年开始，中央及国家部委相继出台了《中央财政促进长江经济带生态保护修复奖励政策实施方案》《关于建立健全长江经济带生态补偿与保护长效机制的指导意见》等关于长江流域生态补偿的国家层面政策。贵州与四川两省地方政府以此政策为契机，通过与云南省积极协调对接，最终三省政府共同出资2亿元成立了"赤水河流域水环境横向补偿资金"，依据资金的使用规定，只要流入各省份的河水水质达到二类标准就可获得资金补助。据此，云南省在2019年分别获得了四川、贵州各2000万元的横向生态补偿金，此项补助基本解决了上下游三个省份投入和收益不对等的问题。

基于该政策，云南省威信县利用此项资金整合了上游的生猪养殖产业。由威信县财政局统一给生猪农户发放补贴，集中养殖生猪，有效减少了对赤水河的污染。以云南省的双河村为例，以这种模式养殖生猪，仅半年时间就为村集体带来了78万元的收入，每户贫困户分红超过2000元。

贵州省在建立"赤水河流域水环境横向补偿资金"制度的基础上，修建污水处理设施19座，主要集中处理赤水河两岸酿酒产生的废水，每天能处理污水超过5万吨。2019年，赤水河下游的四川省出台了《四川省赤水河流域横向生态保护补偿实施方案》。在此方案中，给予了合江县（赤水河入长江所在的县）补偿资金，该资金由省、市、县三级共同筹集，以激励合江县守护好四川境内的赤水河流域水质。

## 2. 生态补偿谋发展

赤水河在2017年1月开始启动全面禁渔，流域内禁止一切捕捞行为。云贵川三省在生态横向补偿机制的作用下，投入巨额资金支持引导沿岸各村谋划产业转型，赤水河流域生态得到了极大改善。

贵州省仁怀市拿出大量资金，引导渔民"上岸谋产"。政府提供资金资助群众因地制宜养殖乌骨鸡、种植金钗石斛等，形成了"农业＋旅游＋酒业"的一体化发展产业群。同时仁怀市积极整合市内的酒厂，按照"进酒厂、进河堤、进农户"的方式，摸清酒厂的排污口，从根源上整治污染源，关停了市内90%以上的酒厂。

四川省沿河的古蔺、叙永、合江等县，依据自身的资源优势，大力发展精品水果、绿色蔬菜等特色农产业，打造了肉牛产业园、肉牛综合体等10个现代农业产业融合示范园，形成了合江荔枝、合江真龙柚、赤水河甜橙、古蔺麻辣鸡等品牌。其中，合江县以"易地扶贫搬迁＋文旅扶贫"的思路，在尧坝古镇打造尧坝驿产业综合体，实现了旅游收入破亿元的营收。

赤水河流域生态的改善为赤水河两岸的酒企发展提供了良好的生态环境。沿河各酒企积极参与到赤水河流域的生态保护中，走绿色发展之路，如贵州省的茅台集团升级冷却水循环利用技术，每年少排污水300多万吨。

## 3. 联防共护强合作

云贵川三省为更好保护赤水河流域生态环境，建立了赤水河流域上下游环保联防联治机制，协同推进解决了一大批环境污染问题。2019年9月，四川省泸州市与贵州省遵义市生态环保部门开展联合执法。2019年10月，四川省与贵州省生态环保厅签订了《突发环境事件联防联控合作协议》，根据协议，川黔两省将合作开展跨省市环境风险防范，共商环境风险联防联控工作大计，共研两地生态环境风险联合防控工作，共护两地生态环境安全，共保两地经济社会高质量发展。

省级层面的协作积极推动了市县合作。2019年3月，群众反映四川、贵州交界处的天生桥水库发生严重污染现象。之后，四川古蔺县人民法院与贵州仁怀市法院用1个月的时间开展联合行动，有效解决了水库污染的问题。2019年6月，古蔺县人民法院与仁怀市人民法院开始对接尝试建立跨省司法协作机制，两县人民法院签发了《赤水河流域生态环境保护审判工作协作意见（试行）》，相互约定对涉及赤水河流域环境保护的相关民事、行政、刑事案件按照管辖规定共同行使审判权，相互支持，相互配合。

### （三）产业共谋：携手共建酱香白酒产业群

四川、贵州两省沿赤水河流域是我国酱香型白酒的核心产区，从2019年11月开始，两省在贵阳举行深化交流合作座谈会，表示将通力合作，推动赤水河流域白酒产业高质量发展，提升赤水河流域"中国白酒金三角"的影响力，承诺将协力打造以赤水河流域为核心的世界酱香型白酒产业群。

### 1. 产业群的打造需要建设基地核心区

位于长江上游宜宾、泸州与赤水河流域的仁怀，构成了中国白酒产业的金三角。从全国白酒产区看，以宜宾、泸州、仁怀为核心的中国白酒金三角区域是我国白酒产业产值最高、名酒最多、发展潜力巨大的产区，产值占比超过中国白酒产业的50%。

以白酒产业金三角建设为依托，贵州仁怀与四川泸州沿赤水河流域是我国酱香型白酒的主产区，两个地方政府以川黔两省酱香型白酒基地建设为契机，积极打造中国酱香型白酒产业集群，提出了"世界酱香型白酒产业基地核心区"的概念。川黔两地政府期望以"世界酱香型白酒产业基地核心区"建设为背景，打造赤水河沿线两岸酱香型白酒产业群。

产业群打造与酱香型白酒发展息息相关，赤水河沿岸的酱香型白酒产业经过长时间的发展，已经成为贵州仁怀、四川古蔺当地的支柱产业，围绕茅台集团、郎酒集团在该地形成了酱香型白酒的产业集聚，极大带动了当地经济的发展。但赤水河两岸酒企分属不同省区，川黔两省政府主动打破行政界限，推动茅台集团与郎酒集团开展产业合作、签署合作协议，通过建设酿酒基地核心区，打造赤水河流域酱香型白酒"产业走廊"，为区域酱香型白酒产业群建设带来一个持续、稳定、健康、快速发展的环境。

## 2. 产业群建设要以赤水河流域为核心

打造酱香型白酒产业集群，离不开对赤水河流域的生态保护，这是由酱香型白酒的特质决定的，酱香型白酒是高度依赖于生态与环境的传统产品，这决定了酱香型白酒的发展离不开良好的赤水河流域生态环境保护。

赤水河流域的仁怀、古蔺等地，处于高山峡谷之中，在独有的气候环境与微生物的相互作用下，酿造的酱香型白酒风味独特、品质极佳。作为酿酒水源的赤水河，其上中游生态环境未受到破坏，河水甘甜、清澈透明。依据四川农业大学的调查显示，赤水河水质酸碱适中、富含钙镁离子，是酿造酱香型白酒的绝佳选择。

以四川泸州古蔺县为例，古蔺县内赤水河两岸的地质主要是紫色砂页岩、砾岩，形成时间专家预估在7000万年以上。土壤中因富含砾砂，透水性比一般土壤要强，有利于溶解流入土层中的营养成分。赤水河流域的郎酒产区四面环山，属于河水侵蚀形成的山谷地貌，最高处的海拔超过1000米，最低处的海拔不足500米，这就形成了适合酿造酱香型白酒的小区域环境。河谷地区地处亚热带季风气候，具有雨热同季的特征，常年平均温度保持在16度以上，无霜时间长、早晚河谷地带气温变化大、日照时间长，适合酿酒微生物的形成，此地酿造的酱香型白酒具有不易挥发、酚类化合物多，喝了不上头、不辣喉、不口干的特点。

依据长江流域水资源保护局、长江水资源保护科学研究所的研究，以赤水河为核心的地理环境让酱香型白酒的酿造地域范围不能超出以茅台镇为核心的50~100公里。这就需要川黔两省政府充分考虑流域的环境与自然压力，充分保护赤水河流域的生态环境。

## 3. 产业集群要以郎酒茅台企业为核心

产业集群的发展，需要龙头企业的带动，以龙头企业带动产业发展、以产业发展推动产业集群发展。以茅台集团为例，2020年茅台酒集团产酒量达到了56000多吨，综合计算酱香型白酒产区的所有酒企，酱香型白酒的产量已有20万吨的生产能力，在2022年将有超过30万吨的生产能力。四川、贵州以茅台、郎酒等一批酱香型白酒领军企业为代表，通过加强赤水河两岸企业的合作，集中优势产业资源，推动白酒产业链的延展，打通产业链的关键点，疏通白酒产业链的堵点，补缺产业链的漏点，助推赤水河两岸白酒产业的高质量快速发展。

以贵州省仁怀市名酒产业园为例，188家企业围绕茅台集团发挥产业集聚优势，形成了完整的白酒生产链条。整个园区汇集了茅台、国台、金沙等知名酱香型白酒生产企业，覆盖了酒企生产的制曲、生产、包装等全产业链条。整个园区围绕茅台集团通过优化产业链配置，融合白酒产业集群，打造完善的企业链条，升级了白酒产业生产链条，壮大了整个企业的生产规模。截至2020年，产业园生产的白酒超过30万千升，创造工业生产总值达1250亿元，完成40亿元的固定投资，缴税300亿元。

另外，核心区的建设更需要政府指导，云贵川三省政府要加强合作，特别是加强对赤水河流域的生态保护，打好赤水河流域的生态牌，打造酱香型白酒的产业牌，推动白酒产业集群的形成。

### （四）文化共推：联手打造红色旅游精品线

云贵川三省所在的赤水河流域是红军长征所过之处，红军在赤水河流域留下了诸多宝贵的红色遗迹和红色资源，赤水河是伟大长征的"见证者"，这也让赤水河成了"英雄河"。赤水河沿岸的诸多城市都围绕"四渡赤水"、红军在川滇黔三省的战斗遗迹及会议遗址等红色资源优势，极力挖掘红色线索，打造红色故事，宣传红色文化，发展红色旅游。但这样的"单打独斗"并不能更好地挖掘川滇黔三省的红色文化。红军长征是一条完整的故事线，特别是"四渡赤水"是整个长征中的"得意之作""神来之笔"，但整个"四渡赤水"涉及川滇黔三省，这就要求三地的政府加强合作，共同开发这项红色资源，打造一条"四渡赤水"红色精品旅游路线。结合川滇黔三省的红色旅游资源，可以打造如下路线：

第一站，贵州遵义。重点参观遵义会议会址，了解遵义会议的伟大历史意义。

第二站，贵州土城。参观土城古镇、青杠坡战役遗址、土城和猿猴（今元厚）渡口，了解一渡赤水的背景、经过及历史意义。

第三站，云南威信。参观原属古蔺今属叙永的石厢子会议会址、扎西会议（包括水田寨花房子会议等）会址、扎西纪念馆，了解石厢子会议、扎西会议精神，了解中央红军在石厢子过年，了解扎西整编和川滇黔游击纵队及回师东进的举措、意义。

第四站，四川古蔺。参观白沙会议会址、观文云庄，了解《告全体红色指战员书》的作用及红军攻打云庄的战斗。

第五站，四川古蔺的太平渡、二郎滩。了解"二郎滩背水战"旗开得胜的情况，了解长征以来取得辉煌胜利（打桐梓、攻娄山等）的过程。

第六站，贵州茅台。了解三渡赤水的背景（尤其是"苟坝会议"及"新三人团"的组成）、过程，参观鲁班场战斗遗址、参观茅台酒厂。

第七站，四川古蔺。了解"奔袭镇龙山"行动，了解毛泽东四渡赤水"兵临贵阳逼昆明""巧渡金沙江"的"得意之笔"。参观天宝洞、古郎洞，欣赏古蔺花灯《十绣曲》、船工号子、老玩意，了解古蔺花灯、郎酒制作工艺两个国家级非遗项目。

## 二、赤水河流域协同治理存在的问题

云贵川三省虽然都在极力推动赤水河流域内的司法、行政、污染治理等方面的合作，但受限于三省行政区划、经济发展目标、各地执法标准不统一等问题，赤水河流域的协同治理仍然面临制度困境、合作困境、大局困境等问题。

## （一）制度困境：治理机制还需完善

一般而言，跨区域的地方合作前提是制度建设，同理，推动赤水河流域的协同治理核心是制度建设，重点在于制度的执行。随着赤水河流域协同治理的"呼声"越来越高，制度建设的困境越来越凸显，急需云贵川三省出台一部能够解决赤水河治理协同困境的地方法规或条例，为云贵川三省协同治理赤水河提供保障。

## （二）合作困境：统筹协调还需提升

赤水河流经云贵川三省14个区县，涉及的治理问题需要云贵川三省统筹协调。以2012年以前的赤水河污染治理为例，云贵川三省开展"分河而治"即以行政区划为界限开展赤水河的污染治理，这就导致上游治理下游污染或上游污染下游治理现象的出现，暴露出云贵川三省在赤水河流域污染治理上统筹协调不足、地方政府衔接不够、沿河两岸合作不深等问题。

## （三）大局困境：大局意识还需构建

赤水河是云贵川三省的"界河"，一直以来，云贵川三省地方政府存在"各自治理"的思想，需要协同治理的"大局意识"，树立"全流域一盘棋"的思维。赤水河上中下游、沿河两岸、干支流间的区县政府在产业发展需求、污水排放标准、环境承载量等方面的步调都不一致，需要形成跨流域的协调配合和联防联控策略，树立"赤水河全流域保护一盘棋"的大局理念。

## 三、赤水河流域协同治理的实践：赤水河污染治理

从 2021 年 5 月 27 日至 28 日，云贵川三省通过了赤水河流域保护的立法，这标志着赤水河流域的生态保护、环境治理等各项工作取得了重大成果，标志着我国在地方人大协同立法保护流域环境方面迈出了重要一步，是我国地方立法形式的重大创新。

云贵川三省地方人大共同立法加强对赤水河流域的生态保护，是落实习近平生态文明思想、习近平法治思想的重要体现，是开展区域立法，深入推进生态文明建设保护的重要实践。习近平总书记在实地考察黄河、长江后，多次反复强调"生态优先、绿色发展""共抓大保护、不搞大开发"，在这样的背景下，赤水河作为长江上游唯一没有修建大坝的"生态河"，对筑牢长江上游重要生态屏障具有重要意义。因此，云贵川三省地方政府共同作为、协同治理赤水河流域的污染，是生态保护与时代发展的要求。

赤水河是长江一级支流中唯一保持自然流态的"生态河"，对构建长江上游重要生态安全屏障具有重大意义。担当起长江上游的保护之责，实现协同发力、共同作为，是时代和人民赋予云贵川三省的共同使命。

### （一）从"联动"到"共立"：推动地方治理协同合作

赤水河发源于云南省镇雄县，流经云贵川三省十余个县，在四川省

合江县汇入长江，对云贵川三省区域经济的发展有着举足轻重的作用，特别是赤水河沿岸的酱香型白酒产业，产值达到了数千亿元。

但赤水河流经的云贵川三省区域是西南地区典型的喀斯特地形区，生态环境脆弱。在2010年以前，云贵川三省为了推进赤水河沿岸的经济发展，大力发展造纸、养殖、化工等产业，导致赤水河生态环境急剧恶化，流域的生态保护面临严峻考验。

为了保护赤水河沿岸的生态环境，贵州省率先做出了行动。2011年7月，为保护赤水河流域的生态环境，贵州省出台了第一个省级层面关于河流保护的地方性法规《贵州省赤水河流域保护条例》。四川、云南两省虽然跟着贵州省的步伐在保护赤水河生态环境方面也做出了积极探索，但赤水河流域的生态保护现状与新时代提出的高质量发展、绿色发展的要求之间仍有差距。三省都没有协同治理，只是在各自行政区域内做出"行动"，无法从根本上解决赤水河流域的生态保护问题。实践证明，治理赤水河并不是一省一市行动就能解决的问题，需要系统树立三省"一盘棋"，上下游、左右岸"齐努力"的治理思维。

在赤水河的协同治理中，全国人大对云贵川三省协同治理赤水河流域的生态问题起到了重要的指导作用。2019年4月，全国人大常委会委员长栗战书就指示赤水河上游省份要加强协作力度，"推动赤水河流域治理保护达到系统治理的最佳效果"。随后，中央领导先后于2020年6月28日、2021年1月15日就云贵川三省保护赤水河流域工作做出重要批示，要求云贵川三省要在前期工作的基础上，实现从"联动"到"共立"的转变，制定赤水河流域保护条例。

云贵川三省按照栗战书委员长的要求，认真落实，主动作为，以"共同决定＋条例"的形式共同立法，开启了三省共同治理赤水河的新篇章。通过建立赤水河流域保护立法秘书长联席会议制度，明确三省的牵头协作机制,多次开展实地调研和座谈会,进行积极沟通和协商,寻求最大的立法共识(见表2-1)。

表2-1 云贵川三省赤水河流域"共同决定+条例"立法时间表

| 时　间 | 会　议 | 内　容 |
| --- | --- | --- |
| 2020年9月 | 赤水河流域保护立法第一次秘书长联席会议 | 确定《赤水河流域保护共同立法工作方案》,建立合作机制 |
| 2021年1月 | 全国人大常委会副委员长沈跃跃在北京召开推动云贵川三省赤水河流域保护共同立法座谈会 | 三省进一步总结共同立法的经验和做法,把共同立法的原则、程序、实现路径和相关机制总结好,为其他区域流域共同立法提供可复制、可借鉴的经验 |
| 2021年4月 | 赤水河流域保护共同立法第二次秘书长联席会议 | 达成了以"五个统一"为基本遵循,成立工作专班,共同调研,共同起草,共同决定文本等六项共识;三省人大陆续研究形成条例草案、修订草案,并提请常委会会议审议 |
| 2021年5月 | 全国人大常委会副委员长沈跃跃四川泸州召开推动云贵川三省赤水河流域保护共同立法座谈会 | 就推动云贵川三省保护赤水河流域共同立法开展调研 |

## (二)从"共性"到"特性":体现地方立法特色

新出台的三省"共同决定",主要针对赤水河流域保护的共性问题,强调三省的协同治理,共放共治;而条例则体现了地方立法,赋予可操作性,"共同决定+条例"的形式体现了赤水河流域保护立法的整体性和特殊性。"共同决定"体现了三省保护赤水河流域生态环境的决心,彰显了三省"协同治理"的团结精神。云贵川三省以往产业布局、发展需求、环境准入条件、污水排放标准、监管执法等各有不同,立法要求也不尽一致,在"共同决定"出台后,这些难题得到了有效解决。

在已有的"共同决定"的基础上,云贵川三省还根据本省的实际情况制定了相关条例。新出台的《云南省赤水河流域保护条例》规定县级以上人民政府应当加强对赤水河流域保护工作的领导，加大赤水河流域生态环境保护和修复的财政投入力度，县、镇、村按照各自职责做好赤水河流域保护工作。新修订的《贵州省赤水河流域保护条例》增加一系列禁止性规定，包括从严整治化工项目、网箱养殖、捕捞、采砂开矿和沿岸码头堆放、贮存煤炭以及生活垃圾填埋场等，进一步改善了赤水河流域的生态环境。赤水河在四川省合江县境内入长江，作为赤水河的下游区县，生态保护压力巨大。为了巩固上游的生态保护成果，结合四川省的实际情况，四川省出台的《四川省赤水河流域保护条例》规定，四川省人民政府应当落实长江流域水环境质量标准，组织制定并实施更严格的赤水河流域水环境质量标准，禁止在赤水河干流岸线一公里范围内新建、扩建垃圾填埋场等。

云贵川三省的协同立法工作充分以"三省一盘棋"的思维出发，按照"统一规划、统一标准、统一监测、统一责任、统一防治"的标准，着力解决上下游、干支流之间执法标准不统一、环境准入不一致等难点焦点问题，推动跨行政区域的立法、行政执法、司法、普法、监督和规划、防治的协调配合、联防联控，树立系统性思维，上下游联动、沿河两岸合力的新格局。

## （三）从"区域"到"全国"：为地方共同立法提供示范样板

云贵川三省"共同立法＋条例"的实践有效解决了国家层面难以为某一事项单独立法的难题，有效推动了地方政府间的协同治理。三省根据赤水河流域共同保护立法提供的经验，依据法律协调解决利益冲突，促进地方各级人民政府共同保护区域生态环境，强化省际共同法律责任，破解了省际共抓流域生态保护和区域经济发展的难题，为各地方政府共同立法探索出了新路子、新模式，提供了可靠的新经验。以四川省为例，四川省在总结这次赤水河流域跨省际共抓生态保护的"共同立法＋条例"的基础上，以成渝地区双城经济圈的建设为背景，与重庆协同推进嘉陵江跨区域的保护立法问题，积极与甘肃、陕西两省协商大熊猫国家公园的立法问题。通过进一步与周边省市合作，进一步完善了各区域间协同立法、联动执法的机制，为促进各区域有效解决生态保护、民生保障等问题提供了地方法律依据。

## 四、赤水河流域协同治理的对策思考

本节以云贵川三省赤水河流域协同治理实践为研究对象，分析"协同"对赤水河流域治理的积极意义。协同治理使其在整合跨省际区域的治理资源、优化生态保护机制和增强治理的效应等方面有着显著的效果，为其他区域破解流域生态问题和经济发展中的相似难题提供了可借鉴的经验。这要求我们在解决跨区域的难题时，需以组织为基础、中央统筹为保障、大局意识为关键，才能全面提升协同治理效能。

### （一）组织和制度是各方协同治理的基础

云贵川三省为了此次赤水河流域的协同治理，专门成立了负责协同统筹三省的工作专班，确定了工作专班的工作制度。成立的工作专班确保了此项工作有专门部门、专门人员、专门时间集中精力开展专项调研、共同讨论等工作，有效推动赤水河流域协同治理工作的落实。2021年4月云贵川三省开展联合专项调研时，专班工作人员一路跟随，记录调研实际情况，随时进行沟通讨论，进一步厘清了赤水河流域协同治理的工作思路，提高了专班工作人员的思想认识，为赤水河流域的协同治理奠定了坚实基础。

## （二）中央部门统筹协调是协同治理的保障

各区域在发展水平、产业需求、目标导向、环境准入标准等各方面都有不同的标准，各地也面临不一样的发展情况和难题，这导致各区域在面对同样的问题时难以形成统一步调，又因是平级行政单位，难以开展有效合作，经常出现分散治理的问题。针对这样的情形，全国人大常委会多次开展协调云贵川三省召开视频会议、现场会议，深入赤水河流域进行实地调研，给予三省的协同治理工作指导和帮助，发挥了总指挥的作用，解决了区域流域分散治理的难题，推动了地方的协同治理与合作。

## （三）树立大局意识是各方协同治理的关键

云贵川三省从保护赤水河流域的生态环境大局出发，从赤水河全流域的协同治理、系统治理、依法治理出发，聚焦整个赤水河流域上下游省份、沿河两岸酒企、干支流县市的协调联动，以系统性观念、大局性思维完成了赤水河流域的系统治理与生态保护，解决了多年来执法标准不统一、发展需要不一致、环境准入标准不统一的难题，形成了上下游一盘棋、沿河两岸齐努力、干支流一协同的格局，推动了省际跨空间区域解决共性问题思路的形成。

# 第三章 DISANZHANG

## 赤水河流域红色资源保护与利用的问题与对策

第三章　赤水河流域红色资源保护与利用的问题与对策

赤水河流域蕴藏丰富的红色资源，它们是中国共产党领导人民在革命和建设历程中留下的宝贵遗产，具有深厚的历史意义与时代价值。本章采用文献研究法、调查法对赤水河流域红色资源保护与利用的研究成果进行分类整理、归纳分析，以赤水河流域四川与贵州的界河段为研究样本，厘清目前赤水河流域红色资源保护与利用的现状，找出红色资源保护与利用进程中存在的问题及原因，提出合理化建议和对策。

# 一、赤水河流域红色资源保护与利用的文献综述

赤水河流域红色资源，是指中国共产党人、一切积极分子和人民群众自党的创建，至大革命时期、土地革命时期、抗日战争时期、解放战争时期等，在赤水河流域长期的革命斗争活动中创造出来的以爱党、爱国和爱人民为核心，与革命时期人、物、事相关的烈士陵园、纪念碑、名人故居、烈士遗物、文献资料等物质形态文化资源以及所承载的精神文化资源和革命路线、方针、政策、规章、制度、歌曲、故事、习俗等非物质形态文化资源的总和。但是，在经济全球化、工业化、信息化、城镇化浪潮的猛烈冲击下，以红军长征四渡赤水路线文化遗产为代表的

赤水河流域的红色资源面临着生存的威胁和挑战。[①] 如何保护与利用好赤水河流域红色资源,从中汲取精神养分、传承革命精神、带动相关产业发展,成为学术界的研究热点。

目前学界尚未对相关学术成果进行总结,笔者在查阅 CNKI 及读秀相关数据库平台以后,发现相关研究成果主要集中在以下四个方面。

## (一) 红色资源保护方面

余书敏在《大型战役遗址保护利用的探索和研究——以古蔺四渡赤水战役遗址为例》一文中指出,四渡赤水战场是四川省唯一的大型战役遗址,需依据战役内涵要素,制定专门的保护、管理和阐释体系。李亮、刘晓晓、鲁宇的《四渡赤水长征文化遗产线性保护利用模式研究》[②],以四渡赤水长征文化遗产的价值为经,以四渡赤水文化遗产开发利用现状为纬,以线性文化遗产保护为前提,提出"以核心遗产为支点、以线路整合为重点、以区域统筹为保障"的四渡赤水利用文化遗产模式。魏登云的《论赤水河流域红色文化资源概况及其特点》[③] 一文指出,赤水河流域红色资源主要包括伟人和英雄、革命歌谣、革命遗址、纪念场所及其所存放的各种文物,具有主题鲜明、文化积淀深厚、价值颇高、交错分布、众星拱月的特点。罗进、魏登云的《论赤水河流域红

---

① 黄华,陈鑫明. 长征路线(四川段)文化资源研究(泸州卷)[M]. 四川人民出版社,2018.

② 李亮,刘晓晓,鲁宇. 四渡赤水长征文化遗产线性保护利用模式研究[J]. 怀化学院学报,2019 (7).

③ 魏登云. 论赤水河流域红色文化资源概况及其特点[J]. 遵义师范学院学报,2011 (6).

色文化资源整合优势》[①] 强调新一轮西部大开发为赤水河流域的红色资源保护和利用提供了良好的机遇，该区域区位优势明显、主交通干线畅通、红色文化资源类型多样。夏晖在《关于红色文化史料整理保护的一些思考——以遵义红色文化为例》[②] 一文中指出，红色文化遗产不应该完全以经济价值来衡量，如何运用红色文化元素来推动度假旅游行业发展同样重要。此外，当前还存在红色文化遗产的含义未达成共识、地方文献未对区域红色文化资源进行整合等问题。黄华、陈鑫明的《长征路线（四川段）文化资源研究》是在中国工农红军长征胜利80周年之际，根据中共四川省委的意见，四川省社会科学院与四川省社会科学界联合会联合开展"长征路线文化资源研究"工程，动员四川长征路线沿线的市州，对长征路线（四川段）文化资源保护整合利用进行的新探索。在何兴强、左辅强的《红色人文景观保护与利用研究——以"四渡赤水"太平镇为例》[③] 一文以太平渡口为研究样本，剖析其保护与利用现状，从特色景观挖掘、空间格局优化、建筑综合保障制度等方面入手，力求促成红色人文景观的可持续发展。

## （二）红色资源利用方面

## 1. 思政教育方面

范正平、郭真瑞、邱如燕的《本土红色文化融入高校思想政治教育

---

[①] 罗进，魏登云. 论赤水河流域红色文化资源整合优势 [J]. 遵义师范学院学报，2011（6）.

[②] 夏晖. 关于红色文化史料整理保护的一些思考——以遵义红色文化为例 [J]. 遵义师范学院学报，2020（6）.

[③] 何兴强，左辅强. 红色人文景观保护与利用研究——以"四渡赤水"太平镇为例 [J]. 华中建筑，2014（3）.

的探索与思考——以四川省泸州市为例》①一文，强调要利用好泸州本土红色历史文化资源，认为它是本地高校思想政治教育的宝贵财富。他们在另一篇文章《红色文化助推乡村振兴及其实现途径研究——以四川省泸州市为例》②中建议开展红色文化专题讲座、组织红色文化教育活动等，在现有泸州市大中学校"忠山之秋"校园文化艺术节中更多地注入本土红色文化元素。曾炬在《泸州红色文化融入大学生社会主义核心价值观教育的实现路径》③一文中指出，泸州本地大学生社会主义核心价值观教育中，需要融入红色文化和发掘泸州红色文化精神的内涵，辅之以学校教育、理论建设、社会发展等路径，才能更好地做好大学生思政工作。

韦佳撰写的《红色文化"四渡赤水"蕴含的时代教育价值》④一文，指出在现代化建设中，要继续坚持实事求是的思想路线，运用灵活机动、自主创新的重要手段，树立崇高的理想和革命的意志，保持与人民的血肉联系，才能赓续红色血脉。李坚在《用好红色资源活教材》⑤一文中指出，要想搭建党史学习教育新平台，推动党史学习教育走深走实，应大力挖掘利用红色资源，把红色历史开发为鲜活教材。

---

① 范正平，郭真瑞，邱如燕. 本土红色文化融入高校思想政治教育的探索与思考——以四川省泸州市为例 [J]. 高教学刊，2020（23）.

② 范正平，郭真瑞，邱如燕. 红色文化助推乡村振兴及其实现途径研究——以四川省泸州市为例 [J]. 陕西行政学院学报，2020（3）.

③ 曾炬. 泸州红色文化融入大学生社会主义核心价值观教育的实现路径 [J]. 皖西学院学报，2014（6）.

④ 韦佳. 红色文化"四渡赤水"蕴含的时代教育价值 [J]. 教育文化论坛，2012（4）.

⑤ 李坚. 用好红色资源活教材 [J]. 当代贵州，2021（30）.

## 2. 中小学校本课程建设方面

袁菁撰写的《红色文化浸染下的赤水河流域英语教育设想》[①]一文指出，应高度重视义务教育，并特别加强英语师资队伍建设，结合地方特色编写英语教材，融入相关红色资源，以提高赤水河流域的英语教育水平。

此外，王小满《四渡赤水战役的红色文化内涵与现实教育价值》、凌霞《毛泽东四渡赤水的军事思想及其对〈形势与政策〉授课的启示》、高惠芳《贵州红色文化在马克思主义基本原理概论课教学中的运用——以遵义会议和四渡赤水为例》[②]、范丽梅《遵义红色文化的思想政治教育功能研究》[③]等文探讨了遵义红色文化的内涵、形态和特征及其思想政治教育功能，并探讨了在课堂教学中如何运用遵义红色文化来提高学生的历史人文核心素养。

## 3. 红色纪念馆的维护及发展方面

刘军的《免费开放后纪念馆馆群建设的发展模式——以四渡赤水纪念馆馆群建设为例》[④]一文探讨了红色旅游资源免费开放的背景下，应探索出一条"地方政府能养活纪念馆或纪念馆能养活自己"的新路子。

---

[①] 袁菁. 红色文化浸染下的赤水河流域英语教育设想［J］. 长江大学学报（社会科学版），2011（5）.

[②] 韩强，王恩江. 长征行思录——北京联合大学思想政治理论教师重走长征路文萃［M］. 北京：九州出版社，2017.

[③] 范丽梅. 遵义红色文化的思想政治教育功能研究［D］. 兰州交通大学硕士学位论文，2020.

[④] 刘军. 免费开放后纪念馆馆群建设的发展模式——以四渡赤水纪念馆馆群建设为例［J］. 中国纪念馆研究，2016（2）.

王招林、魏雷的《诠释场所精神的纪念空间设计——古蔺太平四渡赤水纪念馆和纪念碑设计》[①] 一文指出，中国工农红军太平渡四渡赤水纪念馆主要通过地域空间的印象、场馆位置的思索、场所的精神价值三个方面诠释空间设计。李云的《基于红色历史革命景区的景观设计改造——以红军长征四渡赤水太平渡纪念广场改造设计方案为例》[②] 一文详细阐述了如何将红色资源融入纪念广场设计，具有较高的学术价值。

### （三）红色文化传承方面

谢童心在《遵义红色文化传承研究》[③] 一文中梳理了遵义红色文化传承的政治意义、文化意义和经济意义，指出传承红色文化不能只注重经济效益，应该回归到传播革命精神上来。范维《赤水河流域民族传统体育与红色文化资源融合开发》[④] 一文聚焦赤水河流域民族传统体育文化，有游氏武术、独竹漂、温水小手拳、采月亮等传统体育项目，它们与红色经典文化遵义会议、四渡赤水融合在一起，成为赤水河流域独具特色的旅游文化开发资源。袁富碧、袁欣梁以赤水河畔的习水当地文化为切入口，探讨其功性特征、价值功能，具体参见《习水"红色文化"个性研究》。早在2003年，泸州学术界就有学者提出以四渡赤水战斗遗迹为立足点，建立革命历史文化旅游区，蒋修德《建立"红军四渡赤水

---

[①] 王招林，魏雷. 诠释场所精神的纪念空间设计——古蔺太平四渡赤水纪念馆和纪念碑设计 [J]. 华中建筑，2009（1）.

[②] 李云. 基于红色历史革命景区的景观设计改造——以红军长征四渡赤水太平渡纪念广场改造设计方案为例 [J]. 美术大观，2019（12）.

[③] 谢童心. 遵义红色文化传承研究 [D]. 西南交通大学硕士学位论文，2020.

[④] 范维. 赤水河流域民族传统体育与红色文化资源融合开发 [J]. 体育世界（学术版），2017（7）.

## 第三章 赤水河流域红色资源保护与利用的问题与对策

革命历史文化旅游区"的构想和建议》[①] 一文指出，需要着重解决规划设计、基础设施、人文景观建设资金等问题。

张梦、韩奥、罗兰《贵州省赤水市红色旅游业融合发展研究》[②] 一文指出赤水市具有发展红色旅游产业的历史优势，景点距离短，可以形成旅游产业的集聚效应，已经有了区域政府间的合作项目和平台。另外，产业发展的落脚点应放在串联旅游资源打造的项目品牌上，而赤水河谷旅游度假区既是项目又是平台，通过实施行政区划内或跨区域的联合协作，可以实现"资源互享、优势互补、游客互送"，有利于增强红色旅游宣传力度和产品的影响力、感染力。杨娟《赤水河流域红色旅游发展的思考》[③] 一文针对赤水河流域红色旅游发展中存在的问题提出对策，以促使赤水河流域红色旅游实现经济效益、文化效益和环境效益三者协调发展。

黄珍的硕士学位论文《贵州土城红色文化旅游创新区发展研究》[④] 聚焦贵州"生态文化旅游创新区"建设战略，把红色文化作为驱动贵州旅游发展的优势文化资源，重点打造遵义红色精品旅游区，推进全域旅游示范区建设。研究红色旅游发展问题，于全国、于贵州都具有重要意义。经过系统梳理红色旅游的发展历程，分析红色旅游的发展现状，我们发现，虽然有国家的大力倡导和政策支持，但是红色旅游市场并不繁

---

[①] 蒋修德. 建立"红军四渡赤水革命历史文化旅游区"的构想和建议 [J]. 四川党史，2003 (2).

[②] 张梦，韩奥，罗兰. 贵州省赤水市红色旅游业融合发展研究 [J]. 现代商贸工业，2021 (21).

[③] 杨娟. 赤水河流域红色旅游发展的思考 [J]. 中小企业管理与科技（下旬刊），2012 (6).

[④] 黄珍. 贵州土城红色文化旅游创新区发展研究 [D]. 贵州大学硕士学位充分认识，2016.

荣，存在旅游产品单调、景区游览方式单一、景区管理体制不灵活、客源市场狭窄等问题。曲尧东方在《黔北地区红色旅游的开发研究》[①] 一文中指出，科学规划红色旅游线、整合开发红色旅游产品、举行红色节庆活动，是黔北赤水河流域搞好红色经济的关键。钟金贵和杨娟《遵义红色旅游与乡村旅游资源整合研究》一文、余昊《遵义红色旅游与乡村旅游资源整合研究》一文都以红色资源与乡村旅游的结合为切入口，着力促进资源优化整合。

此外，近年来SWOT分析法在产业发展上的运用方兴未艾。如牟红将目光聚焦于赤水河流域的石顶山，《基于SWOT模型的红色旅游资源开发利用研究——以合江石顶山革命遗址为例》[②] 一文在调研石顶山革命武装起义遗址的基础上，基于SWOT模型对石顶山的旅游资源进行分析，探索在乡村振兴背景下的开发路径。钟金贵、余昊《遵义红色旅游与生态旅游资源整合研究》[③] 一文在基于SWOT分析的基础上，指出遵义境内赤水河流域相关红色资源与生态旅游起步较晚和缺少开发规划的主要原因是缺乏专业的旅游人才。

## （四）对现有研究的分析

红色资源保护方面，从实体上来说，相关遗迹的收集与整理工作已比较到位，且能够结合地方特色进行新的探索。非实体的如歌谣、民谣、伟人轶事等文化资源整理则尚欠火候。此外，尚未发现以红军行军

---

① 曲尧东方. 黔北地区红色旅游的开发研究 [J]. 商业经济，2015（1）.

② 牟红. 基于SWOT模型的红色旅游资源开发利用研究——以合江石顶山革命遗址为例 [J]. 湖南工业职业技术学院学报，2021（3）.

③ 钟金贵，余昊. 遵义红色旅游与生态旅游资源整合研究 [J]. 大舞台，2012（6）.

路线为导向,将经过的乡、镇、区、村、渡口、码头、桥梁等微观地点,按照现有行政区划进行归类总结的研究成果。本章第五部分以泸州为试点,试图弥补此研究空白。

红色资源利用方面,目前研究主要集中在思政教育、中小学教育、场馆维护与开发等方面,相关文献也较为充实。但如何在以马克思主义的世界观和方法论为指导的前提下,充分发挥干部学院在党史党性教育、思政教育中的作用,尚未发现相关研究。本章第四部分以此为着力点,提出对策与建议,以期探究讨论。

红色资源传承方面,目前研究均能将地方特色文化与红色资源有机结合。既有前人研究"珠玉在前",本书力求聚焦地方特色,结合党史学习教育,深挖红色资源内涵。

## 二、赤水河流域红色资源保护与利用的现状

赤水河发源于云南省镇雄县,在四川省合江县流入长江。河源至茅台镇为上游,茅台镇至赤水市为中游,赤水市至入河口为下游。全河总长436.5公里(一说520余公里)。其中,上游云南境河段长73.5公里,川黔界河有三段,共长194公里,完全流经贵州境的河段长126公里,完全进入四川境的下游河段长51公里。[①]

川黔界河段主要流经区域为四川省泸州市叙永、古蔺、合江三县,贵州省主要流经区域为毕节、怀仁、习水、赤水等地。本节以四川与贵州的界河段为例,调查研究红色资源保护与利用的现状,梳理总结以下

---

① 数据来源于泸州市委党史研究室内部资料。

四个特点。

## (一) 红色资源类别众多、内涵丰富

赤水河流域以四渡赤水战役遗址、遗产、遗迹为代表的红色资源种类繁多、形式多样、内涵丰富,具有民族性、独特性、地域性、多样性和自然与历史人文的交融性等典型特征,具有历史、文化、艺术、科学、民族精神、革命信仰等重要价值,盛名享誉世界。[①] 2014年,贵州省委党史研究室出版《贵州省重要革命遗址通览》[②],经过梳理,贵州省重要革命遗址分布如表3-1所示。

表3-1 贵州省重要革命遗址统计表

| 时期地区 | 党的创立 | 大革命 | 土地革命 | 抗日战争 | 解放战争 | 解放后兴建 |
| --- | --- | --- | --- | --- | --- | --- |
| 贵阳 | 4 | 0 | 58 | 12 | 7 | 5 |
| 遵义 | 1 | 0 | 264 | 65 | 25 | 36 |
| 安顺 | 7 | 0 | 11 | 9 | 11 | 4 |
| 六盘水 | 1 | 0 | 12 | 1 | 22 | 5 |
| 黔东南 | 22 | 2 | 129 | 7 | 27 | 28 |
| 黔南 | 7 | 1 | 61 | 5 | 10 | 4 |
| 黔西南 | 3 | 0 | 76 | 6 | 55 | 24 |
| 铜仁 | 8 | 4 | 252 | 5 | 14 | 36 |
| 毕节 | 6 | 0 | 67 | 11 | 17 | 17 |
| 总计 | 59 | 7 | 930 | 121 | 188 | 160 |

---

[①] 杨碧翠,谭露. 垫江县红色文化资源保护利用存在的问题及对策研究 [J]. 大众文艺,2021 (18).

[②] 贵州省委党史研究室. 贵州省重要革命遗址通览 [M]. 中共党史出版社,2014.

由表 3-1 可见，土地革命时期的红色遗址的数量尤其突出，达 930 处，约占遗址总数的 45%，其中，位于赤水河流域川黔界河以东的贵州省遵义市，红色遗址数量最多，占比高达 28%，这与土地革命时期中央红军转战贵州的重大历史事件有关，比如黎平会议、猴场会议、遵义会议、四渡赤水战役、强渡乌江、建立黔东革命根据地等，留下了许多具有历史转折意义、全国独有的重要遗址。

赤水河流域川黔界河以西——四川省泸州市所辖的革命老区古蔺县、叙永县也分布着丰富的红色资源。四渡赤水战役期间，为跳出国民党数十万敌军的包围圈，中央红军转战古蔺县 60 多个乡镇，其活动轨迹遍及 170 个村，与敌展开二郎滩背水战、太平渡阻击战等大大小小 20 多场战斗。中国人民解放军国防大学范承斌等专家到现场调研后认为，古蔺是红军转战时间最久、转战路线最长、转战地域最广的县。现发掘革命遗址遗迹 300 多处，位于古蔺县太平镇的中国工农红军四渡赤水太平渡陈列馆馆藏革命文物 300 余件（套），其中珍贵文物 112 件（套）。该陈列馆展出了大量珍贵遗存如红军印章、武器、马灯、医书、标语、绝密号谱、宣传缎画、浮桥门板等，生动地再现了红军四渡赤水战役的历史细节，彰显了战役的宝贵历史价值和革命精神财富。

## （二）运用立法、行政手段保护和利用红色资源

党的十八大以来，习近平总书记在地方考察调研时，多次到访革命纪念地，瞻仰革命纪念场所，多次提出要保护好红色资源，传承红色基因，赓续红色血脉。习近平总书记在《求是》杂志发表《用好红色资源，传承好红色基因，把红色江山世世代代传下去》的重要文章，强调要把红色资源作为坚定理想信念、加强党性修养的生动教材；在中共中央政治局第三十一次集体学习时指出，要用心用情用力保护好、管理

好、运用好红色资源,并对建设富有特色的革命传统教育、爱国主义教育、青少年思想道德教育基地作重要指示。

认真学习贯彻习近平总书记关于保护好红色资源的指示精神,着力加强红色资源的保护利用工作,形成保护与利用互为支撑、传承与弘扬协调发展的良好格局。

立法使红色资源保护"强"起来。2021年5月,云南、贵州、四川三省人大常委会分别审议通过了《关于加强赤水河流域共同保护的决定》和各自省份的赤水河流域保护条例,并于同年7月1日开始实施。虽然三省省情、民情、经济发展等各具特色,但三省在《赤水河保护条例》中都在"文化保护与传承"一章中分别强调,政府不仅要对红色资源进行重点保护,开展红色教育和红色旅游,还要促进民众对红色资源的重视,上下齐抓共管,共护红色资源,共享红色资源。

展示利用让红色资源"火"起来。2020年4月,中共四川省委决定在四川省委党校成立四川长征干部学院总院,根据中央红军在四川的行军路线和战斗轨迹,设立四川长征干部学院泸州四渡赤水分院、凉山彝海结盟分院、甘孜泸定桥分院、雅安夹金山分院、阿坝雪山草地分院,以"一总五分、联合共建"模式运行。四川省委党校高度重视现场教学,提出"现场教学是四川长征干部学院第一课堂"的精准要求。四川长征干部学院泸州四渡赤水分院着眼赤水河畔丰富的红色资源,着力打造全国一流党史党性教育基地,让广大干部群众接受革命精神的洗礼,更好地感悟信仰之力、理想之光、使命之艰、担当之要,使之融入血脉之中,激发人民奋进新时代的精神力量。

在国家政策支持下,贵州省遵义市凭借自身红色资源优势,加强保护利用,着力打造旅游强市、文化强市,焕发出红色资源遗址生机。遵义市先后投入了人力物力和资金对遵义会议会址、红军烈士陵园及四渡赤水战役遗址等进行保护。习水、赤水、仁怀等赤水河沿岸各县市共同签署了《赤水河旅游发展联盟协议》，对赤水河流域红色资源进行整合，为红色旅游资源的保护和利用创造了契机，提供了重要法律支撑。

## （三）基础设施建设助推红色资源的保护与利用

赤水河流经区域山高谷深，地势陡峭，为当年红军转战川滇黔边区提供了较好的隐蔽条件，助力革命走向胜利。如今，要保护与利用藏在大山深处的红色资源，解决交通闭塞这一大难题则显得尤为迫在眉睫。为此，云贵川三省都在加大力度投入交通设施建设。茅台至遵义、仁怀至土城、官渡至赤水的红色旅游公路的修建使遵义、仁怀、习水和赤水四县市连为一体；仁赤（仁怀至赤水）高速公路、泸赤（泸州至赤水）高速公路、遵毕（遵义至毕节）高速公路、白茅（白腊坎至茅台）高速公路连为一体，打造了一条贵阳－遵义－仁怀－赤水－泸州的红色旅游路线。同时，一座座已建或在建的横跨两省的桥梁，如川滇鸡鸣三省大桥、川黔赤水河红军大桥、川黔赤水河太平渡大桥、川黔美酒河大桥等拔地而起；国道G546、古金高速、赤水河环线旅游公路也正在加紧建设；计划内的泸古、古仁高速，也将提上建设日程。交通设施的完善将为赤水河流域各区县之间的协同开发与红色资源保护提供便利条件。

除了交通条件，其他硬件设施也在不断完善。比如2013年，四川省泸州市古蔺县投资600万元，新建了毛泽东纪念馆、机要室专馆、战地黄花纪念馆3座专题展览馆；2014年，又投资1100万元，对太平渡红军长征四渡赤水陈列馆进行了升级改造；新建的四川长征干部学院四渡赤水分院以高标准进行建设，规划占地280亩，投入5.6亿元。通过改扩新建各类场馆，泸州市吸引了更多来自全国各地的游客。

## （四）多样化、多维度发掘红色资源价值内涵

中央红军在赤水河流域留下了形式丰富的红色资源，如今各级部门也分门别类进行开发利用。

一是开发现场教学点，讲好故事，讲好道理。比如当年红军战士留下的战斗遗址，如青杠坡战斗遗址、梅溪河战斗遗址、鲁班场战斗遗址、黄陂洞战斗遗址等；革命领导人召开重要会议的会址，如"鸡鸣三省"石厢子会议会址、土城会议会址、白沙会议会址、扎西会议会址等；老一辈革命家转战的宿营地，如土城毛泽东故居、周恩来故居、朱德故居、刘伯承故居，古蔺县太平镇彭德怀故居和杨尚昆故居等；红军领导人军事指挥基地旧址，如土城红军司令部旧址，古蔺县太平镇红军总司令部旧址和总政治部旧址等；升级改造的纪念馆，如土城四渡赤水纪念馆、中国女红军纪念馆、丙安古镇红一军团纪念馆等；修建的烈士陵园，如鲁班红军烈士墓、仁怀中枢烈士陵园、赤水红军烈士陵园、青杠坡红军烈士纪念碑等[1]，讲解员生动讲解，"一半故事，一半道理"，参观者缅怀瞻仰，深受启迪。

二是编写书籍。四川省古蔺县和中共泸州市委党史研究室对红军转战古蔺期间的历史事件、红色故事进行广泛搜集和系统整理，先后编撰《四渡赤水在古蔺》《四渡赤水故事》《赤水河北岸的斗争》《川南游击纵队》《红军长征在泸州》等多部书稿。

三是"口口相传"。开设"红军故事天天讲"等专题栏目，发动亲历四渡赤水红军的后人讲述红色故事"子珍托孤""三个铜板""营盘山

---

[1] 罗进，魏登云. 论赤水河流域红色文化资源整合优势[J]. 遵义师范学院学报，2011（6）.

上橘子红"等，为红色泸州赋能，传播红色文化，讲述红色历史，传承红色精神。

四是雕刻文艺精品。赤水河流域畔的贵州省围绕红军长征在贵州的史实，先后推出了一系列文艺精品：电视连续剧《长征》《遵义会议》《雄关漫道》《十个连长一个兵》《突围突围》《娄山奇兵》，电影《先锋》；广播节目《万里长歌·转折》；专题纪录片《扩红·贵州》；大型歌舞杂技剧《红色传奇》《传奇遵义》[①] 等。

各省市在保护好现有红色资源的基础上，采用不同方式开发红色资源，从历史维度、现实维度、情感维度等多维度挖掘其深刻历史内涵和精神力量。

## 三、赤水河流域红色资源保护与利用存在的问题

从地理学维度来说，赤水河流域属亚热带湿润季风气候区，冬暖春寒，夏热多伏旱。遗址遗迹、文物等在气候潮湿时易腐，炎热时易变。目前，赤水河流域的红色资源多扎根在沉积岩中的红色砂岩上，容易被酸性土壤腐蚀，加之缺乏湿防潮、热防火的专业化、高标准的文物保护基础设施，受自然灾害、气象条件等因素影响，具体遗产点保护力度差。

从政治学维度来说，依托红色资源"富矿"，坚持以习近平总书记

---

① 林子. 红军文化遗产保护利用与民族地区脱贫攻坚新路——以贵州省为例[J]. 贵州民族研究，2008（1）.

关于红色资源的保护与利用重要讲话精神为统领，着力深耕红色资源、挖掘红色故事、打造红色品牌，形成学习党史的"红色教育磁场"，为学习贯彻党的十九届六中全会精神，深刻领会《中共中央关于党的百年奋斗重大成就和历史经验的决议》，全面推进党史学习教育，提供生动历史教材，教育引导党员群众传承红色基因，赓续红色血脉，增强"四个意识"，坚定"四个自信"。各省各地对赤水河流域丰富的红色资源保护与利用做过许多工作，但依然存在许多问题，不容忽视。本节拟以贵州省习水市土城镇和四川省泸州市太平镇为案例进行分析。

## （一）政府"有形手"干预多，市场"无形手"调控弱

红色资源的保护、开发与利用是一项政治工程，一项经济工程，也是一项文化工程，一项系统工程，涉及行业、部门众多。保护与利用初期，市场竞争不利于对红色资源的统一规划与开发，需要政府发挥"有形手"的作用，以强有力的行政手段推动红色资源的保护与利用。但是随着保护、利用的不断深入，政府过度干预也会起一定的反作用。

比如贵州著名的红色旅游小镇——土城，在开发初期，红色文化旅游创新区、旅游局、文广局、四渡赤水纪念馆、土城镇人民政府等多个部门联手合作，投入大量资金，修建了土城四渡赤水纪念馆、中国女红军纪念馆、盐运博物馆等五所场馆，对古城进行了升级改造，规划修建了新城区，打造了黔北红色小镇。随着红色旅游市场的不断扩大，各个部门涉及的纵深范围不断扩大，条块分割、职能交叉、权责不明等问题

就暴露了出来。①

同样,在赤水河流域的四川古蔺、叙永等偏远山区,虽然红色资源丰富,且亟待开发,但古蔺、叙永县自身经济水平较低,基础设施落后,人才队伍不健全,只能依靠政府力量的推动。从古蔺红色资源开发现状来看,一是当地政府对红色资源的开发缺乏科学系统的总体规划,各乡镇红色遗址遗迹保护不到位、开发力度不够,红色文化资源利用率不高、影响力不大;二是仅依靠政府有限的资金,没有市场资金流的加入,缺乏市场这只"无形手"的调控,会有碍其发展。比如,位于古蔺县太平镇的中国工农红军四渡赤水太平渡陈列馆是全国第一个且全省唯一的四渡赤水战役纪念馆,但目前的陈列馆是由原游客中心改建而成,展厅面积仅1600平方米,展陈布局不科学、形式单一、设备设施功能不完善;中央红军在太平古镇留下的红色遗址遗迹多达256处,因资金短缺,导致无法保护和升级扩建,部分遗址遗迹的保护受到影响。

## (二)基础设施不完善,制约红色资源保护与利用

地理学理论研究指出,参观主体对参观客体的"食、宿、行、游、购、娱"六大要素有需求,六大要素之间相互联系、相互作用。因此,基础设施是保护与利用红色资源的基本工程。现实调研表明,基础设施不完善,会成为红色资源保护与利用的短板。

贵州土城镇,随着红色旅游业的兴起,游客蜂拥而至,这极大地考验着景区的接待能力。虽然跨省市的交通基础条件已得到大幅度改善,但高速公路至景区服务中心路段道路狭窄,通行能力差;重要路口、节

---

① 黄珍. 贵州土城红色文化旅游创新区发展研究 [D]. 贵州大学硕士学位论文, 2016.

点和景区指引牌标注不明；智慧景区旅游系统不完善；景区公共卫生间分布不够合理；酒店档次和数量不能满足多层次游客的需求；多数客栈没有加入网上预订系统，且卫生水平参差不齐，服务专业水平不高；餐饮业规模小，大型团队接待能力弱，卫生监管难度大，餐饮地方特色不突出，难以产生品牌效应。体现人文关怀的基础配套设施不完善，不仅会降低游客在土城旅游的体验感，而且会影响社会口碑，制约土城红色旅游产业的可持续发展。

基础设施是否完善还影响着红色教育事业的发展。红色文化资源具备教育特质，是承载党员干部党史党性教育的关键载体。四川长征干部学院泸州四渡赤水分院古蔺分校区（即中共古蔺县委党校）在其红色教育基地古蔺县太平古镇拥有256处红色遗址遗迹和大量珍贵文物。校区虽有得天独厚的红色教育资源，但专题教学教室仅有6间，每日容纳食宿仅300余人，教学设施不完善，干部学院的培训接待能力仍然很有限，无法满足教育培训大容量、多班次的现实需求。

### （三）同质化现象严重，内涵价值挖掘不够

如今，红色资源保护与利用与红色旅游往往在一个地区同步进行。受资金、人才、时效性等因素的驱动，赤水河流域的红色旅游和红色教育出现了同质化现象：相似的讲解毫无新意，教研学术团队并未深入研究该事件、该人物、该会议在当地的历史意义和历史价值；形式上多以参观革命遗址遗迹、重走长征路为主；文创产品类型较为单一等。[1] 究其原因，红色资源内涵价值研究和挖掘不够，照搬照抄、相互模仿。通

---

[1] 赵欣. 贵州古镇开发的同质化问题及对策研究 [D]. 贵州大学硕士学位论文, 2019.

## 第三章 赤水河流域红色资源保护与利用的问题与对策

过调研对比，笔者发现贵州土城红军四渡赤水陈列馆中展出的红军四渡赤水的行军路线、作战遗址、重要会议、军事电令、文件、红军标语等，与位于四川泸州古蔺太平镇的中国工农红军四渡赤水太平渡陈列馆类似，只是渡口名字略有不同。[①]

育人是红色资源最鲜明的特质。走进革命胜地和旧居旧址，红色资源是客体教员，干部群众是主体学员，一种厚重的历史感扑面而来，其教育功能是任何书本教材都无法比拟的。这必然会对红色教育者和学习者提出特殊要求。遗憾的是，部分培训机构对红色教育的认识还比较粗浅、内涵挖掘还不够深入。比如培训机构组织学员在太平渡口面对党旗、重温入党誓词的教学活动，教员并没有向学员讲清楚红色太平渡口的历史价值和现实意义。教学活动反映出教员前期研究不够深入，以致教育引导不能入脑入心，学员"现场激动一阵子，转身遗忘一辈子"，收效甚微。此外，培训形式固化单一、培训内容不够深入、培训主题不够鲜明、优质课程特征不够明显等。古蔺教学基地数量少。现有教学点位中，仅太平、二郎、双沙3个开发较为成熟的点位，其余如黄荆、东新、镇龙山、永乐等现场点位开发进度较慢，点位间距离较远，无法形成"串点连线、区域成环"的精品教学路线。[②] 四川县域内教学点位打造与比邻的贵州土城、苟坝、娄山关等相比，依然存在较大差距，难以达到利用红色资源引导教育、震撼心灵、触动灵魂的教育目的。

红色资源内涵价值挖掘不够深入，还体现在滥用少数民族文化资源上。以贵州土城古镇为例，该地属于典型的汉族聚居地，也有部分苗族聚居区。近年来凭借着打造红色旅游迅速发展，为了更好地吸引游客，

---

[①] 黄华，陈鑫明. 长征路线（四川段）文化资源研究（泸州卷）[M]. 四川人民出版社，2018.

[②] 数据来源于中共古蔺县委党校内部资料。

每逢重要节日，在演出内容和艺术形式上不断融入少数民族元素，出现照搬照抄其他少数民族文化的现象，比如本属于黔东南地区特有的芦笙舞、毕节地区彝族的火把舞等频繁出现在土城，这与土城的红色历史文化毫无关系，以至于被外来游客误认为土城是少数民族聚居区，而当地较有特色的花灯戏、划龙舟等，却鲜有露面。

红色资源的保护与利用对区域经济发展的作用是显而易见的。适当借鉴他人经验，能够助力当地红色资源的利用与开发，在一定程度上带来短期内的社会、经济效益。但是，如果不坚持"走自己的路"，不实事求是地下大力气研究和深挖本地红色资源内涵价值，便无法形成自身特有的红色资源特色品牌，不利于本地区域经济、社会、文化的可持续发展。

## （四）宣传推广力度不大，市场知名度不高

赤水河流域山高谷深，以前与外界沟通较难，两岸的红色资源鲜为人知，近年来随着交通、通信条件的发展与完善，才逐渐被外界熟知。但是部分地区政府重视不够，红色资源的保护与利用意识薄弱，相关工作起步晚，宣传理念和形式滞后，没有形成较大的市场反应，常常被外界误解甚至忽略。

比如赤水河流域的四川古蔺、叙永等地的红色资源，其他省市对其不甚了解，再加上一些认识误区，以为贵州省赤水市这样一个中国唯一一个以河流名称命名的县级行政区就是四渡赤水战役发生地。所以，关于四渡赤水战役的新闻里，甚至没有出现"古蔺""叙永"的字样，除了一些专门研究长征史或者四渡赤水战役的专家学者外，古蔺、叙永被多数人忽略和遗忘了。

1935年1月29日至1935年3月22日，中央红军在四渡赤水战役

期间曾经"三进三出"古蔺县。古蔺县是四渡赤水战役的核心战场，也是主要发生地，古蔺县对于长征时期的中国共产党带领队伍突出重围、走向胜利至关重要。长期以来，由于宣传工作不到位，市场宣传不足，导致古蔺县在红军长征四渡赤水的历史地位未得到充分肯定，也无法取得较大的市场认同。来古蔺县参观、旅游或者接受红色教育的大多是政府、企业、事业单位的团体客人，散客也大多来自邻近的云贵川、重庆等地区，国内市场占有率不高，其红色旅游业的开发和推广受到限制。

同处于赤水河流域的贵州，人们更熟知的是规格高、影响大的黔北遵义会议会址系列和红军四渡赤水战役系列，相较之下，毕节、铜仁、黔东南和六盘水等地的红色文化资源知名度较低，局部地区资源鲜为人知，区域差异明显。

## （五）法律制度有待完善，保护和利用意识淡薄

2021年5月，云南、贵州、四川三省人大常委会分别审议通过了关于加强赤水河流域共同保护的决定和各自省份的赤水河流域保护条例，并于7月1日起同步实施。作为我国首个地方流域共同立法，尽管三省用"决定＋条例"将红色遗址遗迹的保护和利用以立法的形式纳入，但各地红色资源数量、类型和保护利用现状等情况不同，具体实施情况千差万别，目前还存在各地"单打独斗""自扫门前雪"等现象，缺乏系统观念和协同发展思维。部分地区依托红色遗址遗迹打造红色小镇，对红色资源依法合理保护的意识却不到位。如土城古镇的街面商铺的门板，有的是老百姓曾拆卸下来帮助红军搭建浮桥的，有的是渡河之后又认捡回来继续使用的，但为使街道美观，风格统一，小镇统一更换同一种门板，失去了红色资源原有的历史意义，违背了保护的初衷。又比如，红军长征的作战地点、宿营村寨、街子、场镇、毛泽东等领导人

和总司令部驻地、重要会议会址和行军路线等相互交织。近年来，随着经济的发展和基础设施的建设，许多道路已被切割得支离破碎，红军小道几乎消失，严重破坏了当年红军四渡赤水的路线、点位的完整性；历史文物如民俗旧器、古驿道遗迹、马店、商号、铺面、旗幡、柜台等流散严重，与历史文物直接相关的证据链断裂。

少数基层单位文物保护意识也比较薄弱，乡镇主体责任没有有效落实。部分乡镇在项目建设中未经申报，擅自在文物保护单位控制地带内违规建设，甚至擅自拆除文物保护单位。

上述种种现象说明，法律制度不够健全完善，法律意识淡薄，会加大文物保护的难度，进而影响红色资源的利用与开发。

## （六）人才机制薄弱，专业人才缺乏

在红色资源的开发、保护与利用中，起关键作用的就是人才。文物开发、保护的高素质专业人才更是"一才难求"。不可否认的是，文物保护类的人才培养比较困难，只有少数211、985高校才开设考古、文物保护相关的专业，且学校招生名额少，加之受经济发展、社会风气等方面的影响，大部分学生在毕业后会选择改行，留在经济发达、就业机会多、生活条件优越、收入较高的大城市工作。

赤水河流域红色资源丰富的县市，大都在偏远山区，"地无三尺平，天无三日晴，人无三分银"，经济欠发达，教育、医疗等资源匮乏，基础配套设施落后，难以引进和留住人才。比如古蔺县从事文物保护工作的人员，都是"半路出家"，而非"科班出身"，都是在"干中学、学中干"，在文物征集、文物鉴定、文物修复等方面，只能"引巢筑凤"，依靠省级文物部门的专家指导和帮助，没有形成一个专业的文物保护人才队伍，不利于文物保护工作的可持续开展。

在红色教育方面，师资队伍人数少、科研力量薄弱。如四川古蔺党校目前有在岗人员 22 人，正式编制人员 15 人，临聘等非正式编制人员 7 人，党史党建类或相近专业教师仅 6 人，中级职称 2 人，初级职称 4 人，占比 40％，比例不过半。科研是教学的基础支撑，教学是科研的现实表现。从人员结构和现实调研可知，专题教学和现场教学都缺乏强有力的科研队伍作支撑，利用红色资源开发的精品课程和培养的精品讲解员更是凤毛麟角。保护和利用好赤水河流域的红色资源，专业人才的培养迫在眉睫。①

## 四、赤水河流域红色资源保护与利用的对策建议

在百年艰苦卓绝、波澜壮阔的革命、建设和改革实践中，中国共产党人在赤水河畔留下了许多革命文物、战斗遗址和纪念场地，成为我们弥足珍贵的红色资源。总的来说，以红色资源保护与利用、开发作为赤水河流域协同发展的主要抓手，推动赤水河流域综合协同治理深入进行，必须以现实问题为导向，开展调查研究，在保护红色资源基础上充分发挥和转化红色资源的效能，尽可能把赤水河畔的红色资源利用好，红色基因传承好。

### （一）坚持运用马克思主义世界观和方法论

马克思主义作为不断丰富发展的科学理论体系，吸收了人类的所有

---

① 数据来源于中共古蔺县委党校内部资料。

优秀文化成果,是人类思想史的丰碑。从理论层面上看,中国共产党对红色资源的保护与利用的初心和使命就是代表人民、为了人民、服务人民,人民群众的主体性是红色资源保护与利用取得胜利的关键;从实践层面来看,在红色资源保护与利用过程中,广大人民群众学习英雄模范,瞻仰革命旧址,重温革命历史,传承红色基因,提升了党员干部的党性修养,丰富了人民群众的精神境界;从经济层面上看,以红色旅游产业为载体来开发利用红色资源,让革命老区的自然资源获得宣传和推广,形成一定的产业规模,有利于地方经济的发展。中国共产党对红色资源保护与利用的实践印证了马克思主义的真理性,其真理性从根本上确保了红色资源保护和利用的正确方向,科学的实践性又为红色资源保护与利用提供了强大的动力支撑。

马克思主义在意识形态领域的指导地位只能巩固、加强,而不能动摇、削弱,这也是中国共产党对红色资源保护与利用的宝贵经验。因此,当今对赤水河流域红色资源的保护与利用必须在马克思主义的指导下开展,严格遵守马克思主义的世界观和方法论,做到以人为本,实事求是,与时俱进。[1]

## (二) 坚持党的领导,干部教育提能增质

坚持党的领导是近代中国历史演变的逻辑必然,它昭示着党的领导的政治属性和立场。[2] 赤水河畔的四川长征干部学院泸州四渡赤水分院、习水县委与贵州省社会科学院联合办学的四渡赤水培训学院及位于赤水市委党校的红军四渡赤水干部学院等,是广大干部学习马克思主义

---

[1] 胡继冬. 中国共产党对红色文化资源的保护与开发利用:百年历程、经验总结和趋势展望 [J]. 理论月刊, 2021 (7).

[2] 宋甜甜. 百年中国共产党领导的逻辑理路 [J]. 晋中学院学报, 2021 (5).

理论，特别是新时代党的创新理论，学习党史、新中国史、改革开放史、社会主义发展史，学习经济、政治、法律、文化、社会、管理、生态、国际等各方面基础性知识的重要场所。

只有坚持党的领导，各类干部学院才能统筹协作、资源整合、串点连线，实现赤水河流域红色资源的聚合效应；只有坚持党的领导，立足"资源共享、优势互补、合作双赢"原则，建立开放办学长效机制，主动融入成渝地区双城经济圈和长征国家文化公园建设，与省内外各部门、高校、干部学院、企业等在干部教育培训管理、教学实践、科研项目申报等方面开展深度合作，以培养忠诚、干净、有担当的高素质专业化干部队伍；只有坚持党的领导，完善管理体制，结合办学条件、区位特点、覆盖规模等因素，整合资源、优化结构、完善功能，提升教学水平，力求在教学现场打造三个"一批"精品：打造一批精品点位、让学员"看得过瘾"；串联一批精品线路，让学员"走得过瘾"；培养一批精品讲解员，让学员"听得过瘾"，将赤水河流域红色资源的育人功效实现最大化转化。

## （三）"无形手"与"有形手"结合，优化整合红色资源

赤水河流域的红色资源保护与利用，不能仅仅作为一种简单的政府行为，而要有专业的学术机构建立起一门独立的学科，专家学者以专业眼光全程参与遗产保护、管理、研究、开发、利用的各个环节，确保在保护工作中不出现重大失误。

一是充分发挥市场"无形手"对资源优化配置的功能。通过市场化运作的方式，在政府"有形手"的依法行政、依法监督下，让市场"无形手"配置出的专业研究机构为政府提供决策咨询，如保护目标的确

定、保护规划的制定、红色文化品牌的打造等均由专业智库负责，同时协助政府制定政策、提供技术咨询，直接或间接参与政府管辖的国有遗产登录、审查、管理、维护工作，成为红色资源保护工作的智囊团，帮助政府科学决策、民主决策、依法决策。

二是高效调动"有形手"的统一规划和管理保障功能。规划建设局、文旅局和党史研究室等相关部门采取联动合作机制，把红色资源的保护与利用纳入经济与发展规划。规划可采取"政府主导，社会参与；明确职责，形成合力；立足当前，着眼未来；长远规划，分步实施；点线结合，以求实效"的整体推进、突出重点的思路。规划要同"十四五"相配合，与乌蒙山片区区域发展与共同富裕实施规划相配合，与各省市县重大经济社会建设的战略工程相协调，以保护与合理利用为前提，按照国家对红色资源保护总体要求，三省协同努力实现对赤水河流域红色资源的整体保护。① 其间，协调处理好红色资源保护与社会经济发展的矛盾，是红色资源保护与利用工作的重点和难点。

## （四）强化基础设施，提升资源知名度

"要致富，先修路"，红色旅游是党和国家的一项事业和战略。红色旅游是一项长期的政治工程，是一项弘扬民族精神和时代精神的文化工程，是一项凝聚灵魂和能量的大众工程。② 赤水河畔的红色资源这坛"好酒"，也要通过交通事业的发展来走出"深巷"。

---

① 何经平，卢晶. 城乡建设中加强文物保护工作的几点思考 [N]. 中国文物报，2021-5-18.
② 张涛. 我国旅游人才的现状及开发策略 [J]. 当代旅游（高尔夫旅行），2017 (10).

## 第三章　赤水河流域红色资源保护与利用的问题与对策

一是强化交通基础设施建设。"十四五"规划期间，打造黔北水陆综合交通枢纽，借助"两高一通"项目，即泸遵高铁项目、渝赤叙高速公路项目、通用机场项目和赤水河航运扩能工程，运用好赤水航运，带动更多的学习、旅游群体。

二是建立"数字景区"基本框架。要立足"大数据"分析的时代背景，以信息化作为基础设施建设的突破口。红色旅游资源信息具有来源分散、信息复杂、规模庞大、动态变化、半结构化的特点[1]，数字化采集为红色资源保护提供基本保障，数字化复原为红色资源保护提供技术支撑，数字化展示为红色资源保护提供传播平台。[2] 加大旅游信息化建设项目实施，建成满足旅游经济发展的信息化网络体系，如管理业务网、内部办公网、公众商务网和公用数据库等，广泛利用网络进行宣传促销活动。全面发展旅游电子商务，推动旅游信息资源的产业化、市场化进程不断加快。此外，基础设施智慧化的关键还在于兼具规模容量、创新性、信息化的体验营造。如四川省泸州市中国工农红军四渡赤水太平渡陈列馆在语音讲解、动画视图均已完善的情况下，引入了VR设备，让观众沉浸式体验，反馈良好。

三是强化旅游服务业的相关设施建设。以客源市场为导向，创造红色旅游产业发展需要的自然、文化和社会经济环境。具体来看，除交通条件外，还应着力提升住宿设施、其他旅游设施和服务等；充分结合赤水河流域地方民族文化观赏性、趣味性、参与性强的优势，开发适应国内外游客需求的旅游文化项目和活动；充分利用已建成的体育馆、文化

---

[1] 赵跃，周耀林. 国际非物质文化遗产数字化保护研究综述[J]. 图书馆，2017（8）.

[2] 黄永林，谈国新. 中国非物质文化遗产数字化保护与开发研究[J]. 华中师范大学学报（人文社会科学版），2012（2）.

馆、剧院、城市广场等公共文化设施，编排红色专题节目，组织专人定期汇报表演，打造都市晚间精神文化生活的新亮点。

### （五）深挖资源内涵，推动党史学习教育落地落实

赤水河流域蕴藏着红色"精神富矿"。流域两岸以实物、实景、实例、实事为载体，搭建党史学习教育大课堂，推动中央部署落地落实，做到常讲常新、常学常新。①

首先，以行政区划为单位，挖掘和整理红色资源，尤其是相似或相同主题红色文化资源的重组和协同开发，避免同质化现象。以目前四川、云南、贵州三省都在研究的四渡赤水战役为例，三省应该贯彻"协同发展"理念，以历史史实为主线，按照时间顺序、历史逻辑，把田间考古与文字史料相结合，坚持唯物史观，全方位、深层次、多维度研究红军遗留在赤水河流域民族村寨的标语、口号、文献、文物、会议遗址、战斗遗址等实物和非实物遗址遗迹的历史年代、历史背景、历史人物、历史意义，打造一条完整的纵贯三省的四渡赤水战役文旅路线，充分展示以毛泽东同志为代表的中国共产党人在中国革命事业中的丰功伟绩。

其次，赤水河流域红色资源应当与党史学习教育有机结合起来。只有不断以现实关怀为红色资源赋能，才能不断从红色资源中汲取精神动力。把红色资源的研究成果与地方经济社会进步发展的需求结合起来开展党史学习教育，如结合泸州市"十四五"规划，以及市委十一次八届全会精神、遵义市委五届十一次全会精神等，很好地将红色资源的历史

---

① 甘肃省委宣传部. 深挖红色资源"富矿"，办好党史学习教育"课堂"[J]. 思想政治工作研究，2021（7）.

价值转化为现实效能，推动全国党员干部在党史学习教育中明理、增信、崇德、力行，激发干部群众干事创业的精神。

### （六）深挖地方特色，创新宣传手段

保护与利用好红色资源的关键是通过宣传手段，增强其吸引力。宣传赤水河流域的红色资源，要注重理念创新、方法创新、路径创新，做到"人无我有、人有我优、人优我特"。

一是将红色资源与民族民俗文化创意结合进行宣传。这既能对赤水河流域的红色资源进行形象呈现，又能展现川滇黔地区多民族的特色。这些少数民族在建筑、服饰、生活方式上都有丰富的文化特色，把当年"红军在咱家乡"的历史故事、历史场景、文化景物、民俗节庆等进行集中展示，如在叙永水潦体验红军和苗彝族同胞杀猪过年的场景；在古蔺弹"黄家扬琴"、唱"山歌"、参加"大寨苗族踩山节"、听太平"船工号子"；在赤水跳芦笙踩堂舞、吃长桌饭；在土城看花灯戏、划龙舟等，充分发挥红色资源的辐射力和渗透力，将红色资源的内涵价值与本地特色民俗活动深度结合，以文化体验、社会教育、休闲运动、康养度假、餐饮娱乐等服务内容为宣传卖点，发掘红色资源利用的新增长点，促进当地经济又好又快发展。

二是多部门协同联动。以文化广播电视局、旅游局、民政局及红色资源所属相关乡镇的负责人一起协调联动，拓宽宣传渠道，利用报纸、杂志和期刊等传统的纸质媒介以及利用广播、电影、电视等形式进行宣传，还可以利用新媒体的方式来进行，如抖音、微视、火山视频等短视频软件，或是通过举办文艺汇演、展览会等形式进行宣传，或是政府、学校组织干部和群众去参观革命纪念场所。此外，为了加强红色文化资源的推广力度，提高其知名度，政府还可以设立相关宣传部门，利用现

代网络技术，在网站上建立相关的网页，创建专业的推广平台。[①] 其间，合作要明确各单位在红色资源的保护和利用工作中应承担的责任，统一思想，提高认识，利用媒体的力量号召群众保护红色资源。

三是借力高铁等载体多形式宣传。高铁车站、车厢书刊、广告牌和音视频系统都是红色旅游产业营销宣传的优质平台。[②] 比如在以泸州站为首发站的高铁上投放红色旅游车载广告，开展车载、车站一体化宣传，推出如战争理论教学、模拟阵地战、战术自定和战争理论复盘局等一系列沉浸式体验活动项目的视频或平面广告；各类短、微公益视频投放至社区的电梯间、商铺旁，为城市营造文史育人氛围，以赤水河流域"文化＋旅游"的品牌吸引更多游客。

## （七）建立长效机制，强化人才队伍

国家发展靠人才，民族振兴靠人才，红色资源的保护与利用是否有效，关键也在人才。政府相关部门应该提高人才招聘的要求，通过"培养一批""补充一批""激活一批""调配一批"的基本策略搞好人才队伍建设。

一是培养赤水河流域本地青年人才。把青年群体的红色基因传承作为一项灵魂工程、奠基工程、战略工程，纳入各地党建工作规划和青年发展规划。各地要把从事红色教育事业的教师队伍建设与从事保护利用工作的优秀人才队伍建设结合起来整体考虑，建立科学、行之有效的策略；要让优秀人才与岗位需求相协调，避免学历"高消费"问题；既要

---

[①] 朱笑宇. 公共意识融入宣传片创作方式的三种表现——以纽约公共图书馆和波士顿公共图书馆形象宣传片架设为例 [J]. 图书馆杂志，2020（5）.

[②] 蔡栩. 关于"高铁＋旅游"宣传模式的实践与探索 [J]. 理论学习与探索，2020（5）.

考虑当前人才需求，又要考虑长远发展需求，确保优秀人才能够得到充分发展；要在保持现有水平基础上，逐步提高工资待遇，保障职称评审，完善收入分配激励机制，建立岗位宣传和体验机制，协助求职者尤其是青年建立正确的职业认知。

二是运用好高校思政课堂。高校思政课堂建设是将专业实践与学生的思政教育紧密结合、发挥学校旅游优势学科作用、实现教育改革目标的有力抓手。鼓励中小学开展"各学科课程＋地方课程＋校本课程""本土资源＋红色走读"等红色课程及研学模式，如每天课前唱一支红色歌曲、背诵一条红色名言等。

## （八）加强法律建设，树立保护意识

习近平总书记强调，法治是国家治理体系和治理能力的重要依托，要坚持在法治轨道上推进国家治理体系和治理能力现代化。[①] 近年来，我国各地地方立法不断取得新突破的同时，一些单一行政区划无法解决的问题也逐渐凸显出来，河流、大气、山川具有流动性、跨区域性，与之相关的生态环保等问题也具有共性和联动性。在维护国家法制统一和权威的前提下，画好立法同心圆，打好法治组合拳，流域区域共同立法日渐增多。

云贵川三省共同立法保护赤水河，为赤水河流域红色资源保护与利用撑起了法律的"保护伞"，是深入践行习近平生态文明思想、习近平法治思想的生动实践，是贯彻落实长江保护法的实际行动，也是地方开

---

① 坚定不移走中国特色社会主义法治道路为全面建设社会主义现代化国家提供有力法治保障[J]. 求是，2021（5）.

展流域区域保护共同立法的具体实践。[①] 各省就赤水河流域保护重大问题做出共同承诺、分别承诺，突出立法整体性，着力解决行政区域内如何保护、推动高质量发展的问题，突出立法针对性。"决定＋条例"这种创新模式兼顾了流域生态环境保护和治理方式的共性和个性问题，为立法保障跨区域联合保护生态环境开辟了一条新路径。

## 五、赤水河流域泸州段现存红色资源梳理

赤水河流域的红色资源是具有历史、艺术、科学价值的文物，包括物质文化遗产和非物质文化遗产。本节从历史学角度考证、记录和梳理了红军长征四渡赤水所经过的路、场镇、乡、区、村、渡口、码头、桥梁、寺庙、古建筑、街子、坝子、老林、山岩、尾洞、民居、院落等不可移动文物，以及红军长征四渡赤水留下的重要文献、实物、手稿、图书、器物、货币等可移动文物，还有著名战场、宿营地址等（如表3－2、表3－3所示）。

---

[①] 孙梦爽，徐航，周誉东.赤水河流域保护立法：奏响地方共同立法大合唱[J].中国人大，2021（11）.

## 第三章 赤水河流域红色资源保护与利用的问题与对策

表 3-2 中央红军、川南游击纵队在泸州经过乡镇一览表[①]

| 乡镇及古迹地名 | 红军长征四渡赤水经过乡镇 | 川南游击纵队经过乡镇 | 长征路线泸州段名胜古迹 |
|---|---|---|---|
| 叙永 | 一渡：三岔河、合乐、震东、西湖、大树、丹岩、永宁、鱼凫、叙永、落卜、乐郎、两河、荞田、黄坭、田中、白腊、高峰、树坪、分水、麻城、高桥、营山、普站、后山、长秧、海坝、寨和、李红、摩尼、海丰、金尼、普兴、石坝、坛厂、水潦<br>二渡：坝上、观兴、石坝、普兴、金尼、李红、寨和、终南、槽、长秧、营山、黑尼、高桥、麻城 |  | 丹山、春秋祠、天台山、天生桥、九鼎山、清凉洞、大石九龟山、天池盐道、婉容墓、兴隆岩墓、填海舜天、松坡楼、画稿溪、上下古桥、鱼凫街、雪山关、水宁中学堂、石厢子、营盘山、落堡、黑泥湾、三岔河火烧岩<br>其中，分水镇木格倒苗族村、水潦海涯彝族村、震东灯盏坪古村为国家级传统村落 |
| 古蔺 | 太平渡、九溪口、二郎滩、走马坝、高笠笆、鱼洞沟、夹石、印盒山、大村、鱼岔、镇龙山、尖山子、皇华、铁厂、锅厂坝、回龙场、白沙、云庄、乐用、黄荆老林；店子坝、桃子坝、龙爪坝、陈家岩、香楠坝、桂花场、大寨；庙林、水口寺、高家山、石宝寨、筲箕湾、两河口、中寨沟、高家山、长坪子、丫叉、养马嘶、姚家坪、马蹄滩 |  | 川盐运水道、古道；雪山关、黄荆老林、云庄、镇龙山、水口寺、老马寨、护家乡付华丰墓地、泥碧水状元题刻"吉人天相"，太平镇，太平渡口、码头；九溪口渡口、孙家坝渡口、二郎滩古镇、二郎滩渡口；红军驻地、红军街、鱼化红军村、观文云庄、镇龙山战场遗址、金星岭上红军驻地、东新乡正峰寺红军驻地、土城改路沟红军驻地、白沙红军司令部遗址、美酒河石刻<br>其中，太平镇平丰村、二郎镇红军街、箭竹乡团结村苗寨、双沙白沙社区（兆雅新溪村、方洞石牌坊村）为国家级传统村落 |

---

[①] 此表根据《叙永县志》《古蔺县志》《合江县志》《纳溪县志》《中央红军长征四渡赤水·泸州文集（2005年8月）》等文献制作。

续表3-2

| 乡镇及古迹地名 | 红军长征四渡赤水经过乡镇 | 川南游击纵队经过乡镇 | 长征路线泸州段名胜古迹 |
|---|---|---|---|
| 合江 | 一渡赤水河红一军团、红一师三团从桃竹岩、蒲家沟入四川合江境内，占领车辋场（石顶山起义），攻打五通、大同镇） | | 法王寺、笔架山、佛宝原始森林、福宝古镇、尧坝古镇、周祠、石顶山、神臂城、"还我河山"石刻、先市抗战将士阵亡纪念碑、石顶山起义遗址、桂林园起义指挥部旧址、月台山大庙游击纵队指挥部遗址、五通场川滇黔红军游击队战斗遗址、一渡赤水红一军团红一师三团攻占车辋场遗址 |
| 纳溪 | | 水口寺、文昌宫、八角仓、上马场、大洲驿、护国镇、叙蓬溪、打鼓场；大里岩、乐道场、渠坝场、马庙场、绍坝场、和丰场 | 水口寺场、文昌宫场、上马场、大洲驿场、护国镇、打鼓场、马庙场、绍坝场、和丰场、乐道场、渠坝场、大里岩村。其中，天仙硐乐道古村为国家级传统村落 |

表3-3 长征路线泸州段重要红色资源点位一览表

| 乡镇 | 红军长征四渡赤水路线 | 文物 |
|---|---|---|
| 古蔺 | 太平渡（镇） | 红军宿营地、太平渡口、红军街、九溪口渡口红军遗址 |
| | 二郎镇 | 二郎滩红军宿营地、背水作战遗址、开仓分盐旧址、水陆运盐道、吉大城盐号、赵瑞祥烈士墓 |
| | 观文镇（丫叉） | 红军攻打云庄旧址 |
| | 黄荆乡 | 红军桥、红军树、川黔界碑红军经过旧址 |
| | 龙山镇 | 龙山战场遗址、老街古场、红军宿营地、东皇庙田址 |
| | 白沙镇 | 毛泽东住地、红军总司令部驻地旧址、红军街 |
| | 大寨乡 | 红军瓦窑坝宿营地 |
| | 马嘶乡 | 柳河三岔河红军战斗遗址 |
| | 金星乡 | 龙田村岭上红军标语群、义里寨红军标语群 |
| | 马蹄滩场 | 红军经过地遗址 |

第三章　赤水河流域红色资源保护与利用的问题与对策

续表3-3

| 乡镇 | 红军长征四渡赤水路线 | 文物 |
| --- | --- | --- |
| 古蔺 | 鱼化乡 | 鱼化红军村旧址 |
| | 永乐镇（现永乐街道） | 水落村水落篱红军标语 |
| | 大村镇 | 苏家坝地下党活动旧址 |
| | 东新乡 | 民主村红军宿营地旧址 |
| | 土城乡 | 占台村改路沟红军营地旧址 |
| 叙永 | 大石乡 | 大石村川黔驿道大石段遗址、双全村核桃沟红军标语、互助村店子上红军标语 |
| | 黄坭乡 | 多坝村田湾头革命烈士墓、三溪村下殿会议旧址、老街烈士墓、兴安村扇子地红军川南游击支队战场遗址、黄坭村红军川南游击支队宿营地旧址 |
| | 白腊乡 | 天堂村烂坝沟、红军烈士墓 |
| | 石坝彝族乡 | 水潦蒲村渡口、红军经过旧址、石厢子会议旧址、红军造币厂旧址、中华苏维埃共和国银行兑换处旧址、中央红军没收委员会旧址、红军电台旧址、坡脚村工农兵旅馆 |
| | 摩尼镇 | 双堡村江老三烈士墓 |
| | 水潦彝族乡 | 咪苏坝驿道红军路线遗址、岁坪村烈士墓、龙厚生烈士墓、黄狮村落堡川南红军标语、《川南工农劳苦大众目前斗争纲领》布告 |
| | 叙永镇 | 古城垣红军攻城遗址、傅钟故居、三八场村营盘山红军长征纪念地、黑尼窝 |
| | 合乐苗族乡 | 石良村烈士墓、三岔河红军战场遗址、火烧岩红军战斗旧址 |
| | 赤水镇 | 川黔茶马驿道、红军路线遗址 |
| | 分水镇 | 鱼洞村庙子坪红军组织民众斗土豪分粮分衣物旧址、木格倒村川南工农红军游击纵队标语 |
| | 水尾镇 | 码头遗址、墩梓场老街、官斗村川黔道红军路线遗址、桥头沟标语 |
| | 两河镇 | 天生桥烈士墓、两河北区长征大桥 |
| | 落卜镇 | 云山村穿洞红军烈士墓 |

续表3-3

| 乡镇 | 红军长征四渡赤水路线 | 文物 |
| --- | --- | --- |
| 合江 | 五通镇 | 石顶山起义指部、桂林园旧址、月台山大庙川滇黔边区工农红军游击纵队指挥部遗址；五通场，中国工农红军川黔边区游击纵队战斗场镇遗址 |
|  | 车辋镇 | 车辋场，红军一渡赤水红一军团红一师红三团占场街旧址 |
| 纳溪 | 大渡镇 | 大渡口暴动遗址 |

# 第四章 DISIZHANG

## 赤水河流域生态产业发展研究

第四章　赤水河流域生态产业发展研究

# 一、赤水河流域生态产业发展现状

赤水河位于四川、云南、贵州三省的接壤地带，发源于云南镇雄县鱼洞乡大洞境内，至四川省合江县入长江，是长江上游较为重要的一级支流。赤水河流域包含四川、云南、贵州三省的16个县（市），干流全长436.5公里，流域范围居住人口约500万人，流域面积20440平方公里，其中四川省境内流域面积6101平方公里，占29.8%；云南省境内流域面积2117平方公里，占10.4%；贵州省境内流域面积12222平方公里，占59.8%。

一方面，赤水河流域拥有保存完好的自然生态。赤水河作为生态河、美景河，跻身世界自然遗产，而这正是其人文、资源和生态环境三者协调发展的结果。另一方面，赤水河流域也面临诸多发展困境。

## （一）区域发展不平衡，流域产业结构单一

赤水河流域上游地区处于乌蒙连片特困区的腹地，发展基础薄弱，自然条件恶劣，贫困人口多，贫困面大，脱贫攻坚任务繁重。以流域内的四川省为例，赤水河沿岸的合江为省级贫困县，叙永、古蔺为国家级贫困县，"十三五"期间已成功"摘帽"，但2019年人均GDP仅为全国平均水平的39.4%。产业结构不合理，传统农业占比较大，工业化、

城镇化水平均较低，现代服务业总量偏小，一、二、三产业占比分别为18%、39.7%、42.3%，二、三产业占比低于全国平均水平，发展经济的强烈愿望与保护生态环境的要求存在一定矛盾。支柱产业单薄，企业门槛低，生产方式较粗放，经济效益不高，环保基础设施薄弱。

中下游地区拥有低热河谷地理优势，农业发展条件优于上游地区，生产力水平较高。中游的仁怀市、播州区、桐梓等地，受高度发达的酿酒工业的影响，经济发展水平较高，下游的贵州省赤水市、四川省合江县农业条件较好，旅游资源丰富，也是流域之内经济发展水平较高的区域。

从区域发展的角度来看，上游高能耗、高污染的行业比重较大，主要分布在采矿、煤化工等产业。

中游则以农业为基础的加工业为主，主要集中在酿酒、烟草、造纸等产业。除白酒产业外，赤水河流域缺乏在国内有比较优势与核心竞争力的主导产业，赤水河流域第三产业的发展相对滞后。

流域上中下游三省区域发展存在着较大差异，中下游发展水平高于上游地区。其中，流经贵州的中游地区发展最好，贵州省以60%的流域面积创造了79%的流域经济发展总量。贵州茅台酒厂所在地仁怀市2018年GDP总量达到722.74亿元，位列贵州省第三，人均GDP达到128854元，居贵州省首位，仁怀市对整个赤水河流域的经济贡献达到20%左右。而地处流域上游的云南省威信县，人口密度大，土地负荷重，流域生态环境承载压力大；现有污水处理和垃圾收运等设施薄弱；与流域内的贵州毕节市、遵义市和四川泸州市相比，云南昭通市的经济社会发展相对滞后，2018年的GDP总量为39.5亿元，仅占流域GDP总量的1%左右，人均GDP仅有9630元。

## （二）基础建设较滞后，流域经济发展受限

交通基础设施建设滞后。流域内高速公路通达率较低，省际、市际间还存在很多"断头路"，互联互通尚未形成，运力不足、运输成本高已成为制约流域经济发展的瓶颈。

旅游基础设施建设滞后。流域内丰富的红色旅游资源、生态旅游资源、康养产业资源及多处世界级旅游资源还没有变成规模化、精品化、国际化的旅游产品，旅游服务功能仍需进一步完善和强化。

环保基础设施建设滞后。城镇污水处理设施建设尚未实现全覆盖，居民生活生产污水直排赤水河的问题依然突出，农村生活污水、生活垃圾没有得到有效治理。以合江、古蔺、叙永三县为例，三县的环境治理水平不高，基础设施短板突出，城镇雨污分流改造、配套管网建设、农村生活污水治理等基础设施欠账较多，生活污水未得到有效收集和处理。真龙镇、水尾镇、石宝镇等乡镇已建污水处理设施负荷率不足50%。环境监管能力不足，基层生态环境部门监管力量薄弱，人员编制少，执法装备差，监测能力低，不能适应赤水河生态环境管理的需要。环保资金缺口大。受地方财力影响，环保基础设施建设欠账较多，流域内还需新建和改扩建城镇生活污水处理厂11座，配套建设管网300余公里，新增垃圾焚烧发电规模500吨/天。

## （三）生态环境变脆弱，流域生存环境恶化

赤水河流域地处云贵高原向四川盆地的过渡地带，流域多山地峡谷，山体坡度大，土壤覆盖层浅，山体植被生长比较困难，当地群众为了生存，在山坡种植农作物，导致山体垦殖严重；流域内以砾岩、砂岩、页岩等为主，这类岩石岩质疏松，再加上赤水河流域属于亚热带季

风气候区，夏季雨热同季，所以水土流失和石漠化问题突出。依据国家的卫星云图显示，赤水河流域水土流失面积超过9000平方公里，占土地总面积的50%左右[①]。随着土层的不断削薄，两岸的土壤蓄水能力不断降低，加上已有的水土流失问题，赤水河流域的径流量在不断减少。根据贵州省仁怀市茅台水文站的统计资料显示，1954—1989这35年的时间里，赤水河茅台水文站断面年平均流量为35.11亿立方米，最大年径流量为70.00亿立方米。根据20世纪90年到21世纪初的水文资料显示，茅台水文站断面年平均流量下降到不足35亿立方米，最大年径流量下降到不足45亿立方米。可见，茅台水文站断面的多年平均径流量和最大年径流量比之前的统计减少了2.33亿立方米、26.03亿立方米，1990—2002年与1954—1989年相比，降雨量变化不大的背景下，赤水河的河水径流量逐年降低的主因是流域两岸的水土流失，如赤水河流域的叙永和古蔺均属国家岩溶地区石漠化综合治理重点县，石漠化面积高达1650平方公里，水土流失面积达1991平方公里，造林成活率和保存率低，地质灾害多发。

以21世纪前10年为例，赤水河流域因云贵川三省两岸群众无序毁林开荒、乱抽河水、生产生活污水直排河流、胡乱堆弃矿渣挤占河流空间、大规模网箱养鱼等问题，导致赤水河水质持续下降，河流生态平衡遭到破坏。赤水河流域两岸土地过度开发导致森林覆盖率下降、土层变浅和水土流失。据水文站资料分析，流域区内赤水河水质勉强达到国家地表水Ⅱ类标准，较30年前Ⅰ类水质已下降许多。赤水河两岸防洪建设标准与国家标准比偏低，每3年左右流域内就会发生较大洪灾。流域

---

① 王忠锁，姜鲁光，黄明杰，张琛，于秀波. 赤水河流域生物多样性保护现状和对策［J］. 2007（02）.

两岸的施工建设单位对建设垃圾未采取相应保护举措，对赤水河流域内的生物多样性产生了威胁，物种生存条件恶化。目前赤水河已有15%左右的动植物种类受到威胁，高于全国平均水平。[1] 以上种种问题导致赤水河流域2010年水土流失面积占流域总国土面积的1/2，成为长江上游水土流失最严重的河流流域之一。

## （四）城镇建设速度快，流域环境污染加剧

截至2020年，赤水河流域两岸城镇化率约45%，相比2009年的21%提高了24个百分点，城镇建设的加快导致赤水河两岸的建筑垃圾、废水、废气等污染骤增。此外，赤水河中上游的云南、贵州两省有着丰富的煤炭资源和酿酒企业，这类企业在两省发展迅速，但对赤水河的污染也十分巨大。根据云贵川三省的统计，赤水河流域有超过1200家工矿及酿酒等企业，这些企业每年排放废水980万吨、化学需氧量超过12万吨、氨氮255吨。流域两岸城镇每年排放污水超过2000万吨、化学需氧量超过3000万吨、氨氮超过500吨。赤水河沿岸有各类养殖企业超过120家，主要养殖猪、牛、羊等牲畜，每年排放化学需氧量538万吨，排放氨氮超过100吨，总氮排放超过200吨。流域内城镇居民每年产生生活垃圾达14.5万吨，生产酒糟120万吨、煤矸石190万吨，每年排放污染物二氧化硫超7万吨、氮氧化物超过1万吨。[2] 以贵州省遵义市仁怀市为例，不足2000平方公里的仁怀市有大大小小的酒厂2000多家，其中茅台镇拥有的酒厂数量占比超过50%，共有1000多

---

[1] 贾文泽等. 黄河三角洲生态经济示范区建设研究［M］. 山东：山东省地图出版社，2003.
[2] 邹翔，薛小红，赵健. 赤水河流域水土流失特点与分区防治研究［J］. 长江科学院报，2010（08）.

家，在这1000多家酿酒企业中手续齐全、排污设施良好的酒厂占比仅有10%，剩余的企业大多没有排污设施或者排污设施比较简单，这些酒企超90%都存在乱排污水的问题。根据遵义市生态环境局的统计，贵州省赤水河两岸的酿酒企业每年向赤水河排放生产污水超过300万吨，而酿酒产生的酒糟滤液若排入河流更会造成严重污染。赤水河逐年减少的径流量使河流环境承载量下降，伴随着仁怀市城镇化和工业化的逐步推进，赤水河污染量逐年加剧。茅台水文站2009—2012年共计4年的监测数据显示，2012年茅台镇断面氨氮浓度从2009年的0.17mg/L上升到0.46mg/L，年均升高超过50%。赤水河在仁怀市内的支流盐津河化学需氧量、氨氮、总磷指标浓度分别超过Ⅲ类水质标准的0.7倍、0.8倍和2.5倍，水体富营养化严重。

## （五）经济水平发展慢，流域贫困程度较深

赤水河流域属于我国乌蒙山贫困区域，流域内贫困区县聚集。赤水河流域的人均地区生产总值比川滇两省都低，且没有达到国家平均水平，区县经济发展水平相对落后。但贵州省遵义市仁怀市例外，因是茅台集团所在地，茅台集团每年所创造的经济效益使得仁怀市的人均GDP名位居贵州前几名。

赤水河沿河两岸的云南镇雄县、威信县，贵州大方县、习水县，四川叙永县、古蔺县、合江县，截至2018年，仍有贫困人口55万人，占到全国贫困人口的1.8%。位于赤水河上游的云南省镇雄县在2016年人均GDP仅为7300元左右，占比不到全国平均水平的15%。从整个赤水河流域上游看，赤水河上游整个区域属于生态型贫困地区。其中云南省镇雄县1986年就被列为国家重点扶持特困县，农村贫困发生率一度高达91.03%。镇雄县集革命老区、高寒山区、贫困地区于一体，是

云南省27个深度贫困县之一，人口数量排名云南省第一。截至2016年，镇雄县171万人口中，确认的建档立卡贫困人口仍有56万，30个乡镇（街道）中有20个贫困乡镇，263个村（社区）中有235个贫困村。镇雄县属典型的喀斯特地貌，人均耕地不足1亩，交通闭塞，产业匮乏，水源短缺，一些村子到云南省会昆明需要两天时间。根据镇雄县人民政府的官方资料显示，2020年年初，镇雄仍有101个贫困村未出列，12.23万人口未脱贫。未脱贫出列贫困村、未脱贫人口分别占全国的3.8%、4.6%，占云南省的23.54%、27.7%，脱贫任务十分艰巨。[①]继2018年、2019年昭通市两个县已经脱贫出列、7个县（区）计划脱贫摘帽，2020年，镇雄县是昭通市唯一亟需脱贫摘帽的县。由此可见，镇雄县是云南省所有贫困县中贫困面最广、贫困程度最深、脱贫攻坚任务最为艰巨的县。此外，流域上游内的云南省威信县、贵州省大方县、四川省古蔺县和叙永县都属于生态型贫困地区，脱贫攻坚任务十分艰巨。

### （六）区域位置跨度广，流域管理分割严重

赤水河沿河两岸共计有云贵川3省14个区县，赤水河流域跨度不同的省、市、县，各区域所处的地理位置不同、发展需求不一致，政策与制度的侧重不同，此外，涉及国土开发和环境保护的部门众多，各地执法标准不一致，存在资源利用冲突等问题。跨流域、跨行政单位的管理条块分割严重，存在多部门管理的现象。

赤水河流域作为横跨云贵川的河流，上下游各区县在生态产业发

---

① 镇雄县人民政府网站.攻城拔寨——镇雄县决战决胜脱贫攻坚综述［EB/OL］.2020-04-25.

展、资源禀赋、环境保护政策等方面存在较大差异，流域内各区县难以形成一致的发展规划。以2012年以前的赤水河为例，赤水河上游地区煤炭资源丰富，上游区域以煤炭资源为基础，形成以煤、矿、电、化工等高污染、高耗能产业为地区发展的支柱，这给流域内以白酒为主导产业的中游地区和以旅游业为主导的中下游地区带来了严峻的环保压力。尽管赤水河沿河各省市、各职能部门都制定了相应的产业发展规划和环境保护政策，例如云南省与贵州省出台的《赤水河流域产业发展规划（2013—2020年）》《赤水河上游生态功能保护区规划（贵州境内）》，但这些政策的落实都基本以行政区域为单位，区域内的上下游省份缺乏良好的沟通和有效的协作，缺乏对全流域的综合统筹。同时，赤水河流域上下游因所处区域位置不同，承担的环境保护责任和压力也不一致，上下游政府在布局产业发展时受到的政策限制也不一样。以云贵川三省为例，上游的云南省因地理位置原因，生态保护任务较贵州、四川压力大，因赤水河环保压力，云南省取缔了赤水河上游的多个养殖、煤矿企业。赤水河是贵州省茅台镇的水源地，因此贵州省对茅台镇上游的赤水河流域采取了严厉的环保举措，但茅台镇以下的赤水河段采取的政策却相对宽松，缺乏对赤水河全流域的统筹发展规划。

## 二、赤水河流域生态产业发展典型案例

赤水河流域生态产业发展的典型案例有很多，如表4－1所示，本节主要列举三个，分别是：贵州省赤水市、四川省古蔺县、云南省镇雄县。

## 第四章 赤水河流域生态产业发展研究

表4-1 赤水河流域生态产业发展典型案例

| 地区 | 举措及成效 |
| --- | --- |
| 贵州省赤水市 | 1996年，赤水市委、市政府提出发展金钗石斛产业。经过多年的发展，金钗石斛成为赤水市的主导产业，生态、社会、经济效益突显，走出了一条"生态产业化、产业生态化"的绿色发展道路。经测算，一亩（3000丛）金钗石斛进入丰产期年可产200公斤以上，再加上金钗石斛花的收入，亩收入达1万元/年以上，种植户人均增收5000元。<br>截至2019年年底，赤水市金钗石斛种植面积9.02万亩。其中，种植面积达万亩以上的乡镇3个；5000亩以上的乡镇4个，是全国最大的金钗石斛基地。赤水市共有1.37万户农户、4万余人参与金钗石斛产业发展，带动5120户贫困农户15886人脱贫。2020年投产面积达5万亩，蕴藏量达8000余吨，允采量6000吨，占全国的90%以上。<br>从培育种植到加工销售，赤水市金钗石斛已实现全产业链条的形成。在加工上，2017年赤水信天斛满堂药业有限公司等建成了标准的GMP加工生产线，取得了药品生产许可，并实现了线上线下销售，各乡镇、各企业建立电商销售平台和微商销售网络，在广东、浙江、贵阳等地成立营销中心，建立了医院、各大型连锁药店、基地认养和高端消费人群专门定制等销售渠道。未来，将发展工业旅游、种植基地乡村游，以带动体验式销售。 |
| 四川省古蔺县 | 甜橙是古蔺县特色水果之一。近年来，古蔺县在赤水河流域种植甜橙20万亩，覆盖12个乡镇、73个村，带动4.67万户11.625万人增收。2020年12月26日，古蔺县"首届蔺州甜橙丰收节"期间，蔺州甜橙销售额突破2000万元，创下历史新高。2021年1月9日，淘宝直播带货仅一日就成交10499单，11万斤甜橙在1秒钟内一销而空。<br>近年来，古蔺县创新"政府引导、市场主体、种养结合、全产业链发展"模式，按照"立体布局、生态循环、高效优先"理念，聚力打造甜橙、猕猴桃、肉牛、丫杈猪四大农业特色产品和中药材、高粱、烤烟、茶叶、土鸡五大传统优势产品，推动形成"4+5+N"农业特色产业体系，加快建设乌蒙山现代高效特色农业示范区。截至目前，古蔺县"4+5+N"农业特色产业基地达70万亩，县级以上现代农业园区14个，产业规模大幅扩展，富民成效更加明显。 |

续表4-1

| 地区 | 举措及成效 |
| --- | --- |
| 云南省镇雄县 | 　　近年来，镇雄县通过竹笋的产业化发展，让笋山变成了当地村民脱贫致富的"绿色银行"。作为"一县一业"之竹产业，截至目前，已培育竹产业基地60万亩，产值达8000万元，覆盖3.56万户、13.53万名贫困群众，带动投产区建档立卡贫困户每户年均增收8000元。<br>　　目前，镇雄县共有竹笋经营企业10家，主要以清水笋、开袋即食笋等系列产品为主，年鲜笋加工能力1万吨以上。<br>　　预计到2023年，镇雄县将建成1000~5000亩示范基地22个、5000~10000亩示范基地36个、10000亩以上示范基地23个；到2025年，将构建"区域公共品牌＋企业知名品牌＋产地独有品牌"相结合的品牌体系，建成一个集"竹笋－竹材深加工－产品研发推广－贸易交流合作"为一体的、具有辐射带动作用的滇东北区域竹产业示范园区，最终实现"百万亩竹子，百亿元产值"的生态产业发展目标。 |

# 三、赤水河流域生态产业发展的对策思考

## （一）发挥流域产业优势，提升流域产业生态效益

　　首先，由于赤水河流域酒产业优势突出，地区产业发展可以依托酿酒业、竹加工业等进行产业提升，创造最大化的经济效益和生态效益。具体做法是利用赤水河中游白酒企业的特色优势和赤水河下游多样化的植物资源，积极发展农副产品深加工产业，以贵州茅台酒和"赤水竹乡"等优势产业带动相关产业的发展。同时，要做好白酒产业的配套发展，扩大赤水河流域酿酒原料的种植面积，扭转酿酒原料长期依赖进口的不利局面。其次，要利用赤水河流域得天独厚的生态环境，转变生态经济发展思维，大力发展健康养老服务业、养老事业等第三产业，探索生态经济建设与发展的新路径。总之，通过酒产业转型升级、竹产业转

型升级、农副产品产业配套发展和康养养老服务业发展带动流域农户的就业、创业，实现流域农户生计转型。赤水河流域的旅游资源十分丰富，少数民族众多。其中，贵州旅游资源挖掘和开发较为合理，仅贵州就有11个自然保护区、3个国家级森林公园、1处国际级风景名胜区和1处世界自然遗产，是极具吸引力和市场竞争力的旅游胜地。结合赤水河流域的优势及特色，可以重点开发流域内的红色文化旅游项目、乡村生态休闲旅游项目、酒文化旅游项目及生态康养旅游项目。

## （二）完善流域功能分区，优化生态产业空间布局

赤水河流域内的各个区域有着明确的产业优势，各个省份在发展优化地理空间时，需要兼顾上下游区域的产业优势，优化生态产业空间布局。一是云南省上游区域因属于生态脆弱区，需发展生态农业与林业。赤水河流域水土流失、土层浅薄的生态敏感脆弱区，应作为生态环境保护的重点区域。赤水河上游的镇雄县和威信县，经济发展相对落后、交通等基础建设薄弱、工业发展条件不足，横向生态补偿机制需要向这些地方重点倾斜，既要保护好上游地区的生态环境，又要利用当地优势发展生态农业。二是中游地区需加快发展白酒产业。赤水河中游地区有以茅台、郎酒、习酒为代表的企业，可以以这些企业打造酱香型白酒产业集群。鼓励川黔两省的酿酒企业通过资源共享、技术互动等发展循环经济，带动高粱种植、旅游康养等的发展，同时注重推进资源的高效利用与集约发展，推动川黔两省酒企完善生产产业链，实现高效集约发展。三是推动位于下游地区的合江县充分利用位于赤水河和长江交汇处的地理优势，依托长江经济带发展生态农业旅游。

## （三）强化流域生态保护，促进流域生态环境发展

### 1. 坚守生态环境保护底线

按照生态环境保护的底线要求，划定流域内生态环境保护的底线。确保流域内生态环境保护不降低要求、不逾越红线、不减少面积。这就要求：一是保护流域内农田良性循环制度。提升农田的土壤质量，加快基本农田整治，建立保护基本农田的良性循环制度。二是建立区域内行业准入制度。在赤水河流域，严禁有色金属采选、棉丝麻印染加工、造纸等产业。同时严格规定，茅台镇以上100公里河段内不得修建大型工厂。在第三产业中，禁止在赤水河流域沿岸特别是在国家级风景区内进行任何与风景无关的建设。严格限制房地产、建筑业进入一级水源地、重点水源保护区。

### 2. 维护流域良好生态环境

一是维护流域水环境。严控流域内赤水河两岸的污染排放，全面落实赤水河河长制，落实到村、责任到人、任务到河。严格控制监督河段内的污染情况，确保赤水河流量不下降、水质不降低、流态不改变。二是维护森林环境。增强对流域内的森林环境保护，严格执行采伐限额和凭证采伐制度，严禁商业采伐。三是严控污染排放。积极完善区域内工矿企业的污水处理建设，提高污水的处理率和循环利用率；另外还要加强流域内城乡生活污水和生活垃圾处理。

## （四）加强流域交通建设，改善流域交通体系建设

赤水河流域在交通基础建设方面比长三角地区相对滞后，在交通基

础设施上还存在诸多短板，因此改善赤水河流域的交通建设具有十分重要的意义。积极推动云贵川打造更完备的铁路、水路、高速公路、航空等交通设施，建立便捷的立体交通网络。推动泸州至遵义的高速铁路列入国家铁路发展规划，并尽早动工建设。争取建设流域内便捷、快速的高速公路网，助推习水至古蔺－叙永－昭通、泸州至古蔺－金沙－贵阳的高速公路建设，打通省市县三级的"断头路""隔断路"，推动流域内各区县公路的互联互通。加快赤水河通江达海能力建设，完善合江港的基础设施，提升水路－公路联运能力，推动赤水河流域融入长江经济带。

# 第五章 DIWUZHANG
## 赤水河流域文化高质量发展研究

# 第五章　赤水河流域文化高质量发展研究

赤水河是川滇黔三省的界河，也是省际物资交流的重要水道之一，奔腾的赤水河孕育了丰富的地方特色文化。在自然与人相互作用的流域历史演进中，民族文化、盐运文化、酒文化、红色文化是赤水河流域最具代表性的内容，为赤水河流域高质量发展提供了丰富而厚实的文化基础。

## 一、赤水河流域文化概述

"流域文化"这一提法并不多见，在现有的文献检索中鲜有以流域文化命名或作为关键词的研究。对于"流域文化"的界定也只在少数文献中出现。陈华文（2017）[1]认为，江河是一种自然生态，但因为江河流域而形成的文化，则是一种自然生态基础上的动态文化，它因江河而生，也因江河而成为可以被概括与提炼的文化。它在历史过程中成熟或定型，在成为独特的文化标杆的同时，也对当下的流域或区域的政治、经济、社会、文化和生态建设产生巨大的影响。高子钧等人（2016）[2]指出流域文化是一种重要的文化地域单元。从地理学来看，"流域"广

---

[1] 陈华文. 江河流域文化的舟桥价值——以长江下游流域文化为例 [J]. 广西民族大学学报（哲学社会科学版）. 2017-05-15：158.
[2] 高子钧, 毛兵, 宫远山, 李铁鹏. 新型城镇化视角下的流域文化保护路径研究——以辽河流域沈阳段为例 [J]. 城市规划. 2016-09-09：287.

义上指"所有包含某水系（或水系的一部分）并由分水界或其他人为、非人为界线（如灌区界、地貌界等）圈闭起来的相对完整、独立的区域"。"流域"是一种重要的文化地域单元。流域文化，即以河流两岸区域作为空间界定，汇聚了历史文化、民俗民间文化、自然山水文化等诸多文化要素的文化类别。文化与流域概念的结合，意味着用独特的流域观念来考量文化与发展的关系。这种考量方式打破了传统的地理区域、行政区域或经济区域的限定，从更宏观的角度梳理文化结构，使具有共通性的文化资源能够被纳入整体性的通盘保护。孟万忠等（2014）[①]认为，流域为文化提供了无可替代的物质和精神基础，为人类文化的发展提供了源动力。每个流域都有一部属于自己的文化史，用"流域文化"来形容是再贴切不过的，而地名就是流域文化的集中体现。

在借鉴已有观点的基础上，笔者认为，需要为流域文化树立起经纬框架，即流域文化是一个历史地理范畴的概念，既有基于地域范畴的江河水系的明确谱系，又有基于历史维度的流域发展动态脉络。同时流域文化又是一种复合形态的存在，是流域内人与自然、人与人、人与社会互动过程中形成的具有鲜明特色，并持续对流域生产生活产生影响的文化集合体。基于此，本节将流域文化界定为：以地理的流域范围为边界，以流域内历史为参考，在生产活动中对流域的经济社会发展产生重大影响的文化特质的动态集合体。

流域文化的发展方面，郭永平（2021）[②]以黄河流域为例，提出"文化赋值"是实现乡土文化向资源动态化转化，并实现其创新发展的

---

[①] 孟万忠，王尚义，刘敏. 汾河中游地名与流域文化研究[J]. 测绘科学. 2013-10-16.

[②] 郭永平. 乡土资源、文化赋值与黄河流域高质量发展[J]. 山西大学学报（哲学社会科学版），2021，44（02）：41-48.

重要路径。这是从文化自觉到文化自信的必然路径,也是重塑区域共同体、构建完整文化生态系统,进而实现黄河流域高质量发展的现实需要。一方面,在顶层设计与区域营造的实践机制下,通过整合共享、提高资源配置效率,打造文化传承发展的价值共同体;另一方面,通过文化赋值、社区赋权、社会赋力,多元主体共同参与,合力进行区域营造。

党的十八大以来,习近平总书记高度重视流域文化发展与流域治理,考察了长江、黄河、淮河等重要河流及其流域的经济文化状况,做出了一系列重要论述,强调要保护、传承、弘扬流域文化,推动流域高质量发展。笔者认为,以流域范围为基础,统合流域的历史、文化,基于"流域共同体"的视角才能突破局部视角的狭隘和区域内的过度竞争,避免对流域发展造成损害。因此流域文化的发展要立足"流域共同体"理念,跨越行政区划进行协同保护、研究与开发,这样才能做好流域文化传承与保护,留住民族根脉、传承文明薪火,守护美丽家园。

在民间和有文献可考的记录中,赤水河流域内较有影响的地方特色文化至少有民族文化、航运文化、盐运文化、红色文化、竹文化、酒文化。王爱华、彭恩(2011)[1] 指出,赤水河流域文化是当地特有的自然人文地理、风土人情、历史风貌所构成的反映该地区人民生产生活状态的文化,具有浓郁的地域特征和丰富的文化内涵。盐商文化、石文化、渔猎渔业文化、酒文化、竹文化、军事文化与长征精神都是赤水河独特的文化符号。龙启权(2018)[2] 对流域内的文化资源进行了详尽的梳理,认为赤水河流域最突出的文化包含红色文化、民族文化、航运文

---

[1] 王爱华,彭恩. 赤水河流域地理环境与文化共生探析(英文)[J]. Journal of Landscape Research,2011,3(11):81-85.

[2] 龙启权. 符节古韵[M]. 西南交通大学出版社,2018.

化、盐运文化、酒文化和竹文化。邱俊（2019）等人认为盐运文化是赤水河流域历史文化的重要组成部分。

结合对赤水河流域的实地考察和文献研究，本节对赤水河流域文化进行如下界定：赤水河流域文化是以赤水河流域为范围，由历史上对赤水河流域经济社会发展产生重大影响的文化构成，是反映赤水河流域生态、经济、政治、社会特点的文化综合体。赤水河流域文化以其自然地理生态为基础，包含民族文化、盐运文化、美酒文化、红色文化等。

民族文化是赤水河流域绵延时间最长、最曲折、最多样的文化元素；盐运文化是近代改变赤水河流域封闭状态，使赤水河走向开放，拓宽地域文化的重要文化元素；酒文化是在盐运文化中应运而生的，为赤水河流域对外文化输出的最成功范例；红色文化是赤水河流域集民族、盐运、酒文化影响于一体，开辟了赤水河流域新的发展历史的重要文化符号。

对赤水河流域文化的发展，刘丽（2015）[1]认为，在长期历史发展中适应环境、顺应自然的历史积淀，隐含的是赤水河流域人民乃至中国人"天人合一"观念下的人文情结。只有加强对赤水河流域文化的研究，搞清具有地域性差别的一些特别的文化特征及文化模式来源，厘清其文化生成和发展的环境、条件，文化生态资源类型，文化发展内在规律，文化要素构成及其表现特征，才能展示出丰富灵动的赤水河形象。王爱华（2011）[2]认为，赤水河丰富的自然资源与生产生活文化的关系

---

[1] 刘丽. 赤水河流域的文化生态探究[J]. 教育文化论坛，2015，7（06）：129−133.

[2] 王爱华，彭恩. 赤水河流域地理环境与文化共生探析（英文）[J]. Journal of Landscape Research，2011，3（11）：81−85.

密切，丹霞地貌孕育了石文化，赤水河水资源造就了渔猎渔业文化，特殊的水文地质环境孕育出竹文化、以茅台为代表的酒文化，以及在赤水河特殊的地理位置上所形成的军事文化与长征精神，认为对地理环境的重视为地区文化的发展起到了不可估量的作用。

笔者认为，文化离不开人，也离不开具体的生产生活，因此回归到人的社会生活中去寻找赤水河哺育流域人民的历史，在自然与人的互动中找寻深沉的文化影响和现实价值，是研究赤水河流域文化的根本，在这个过程中，是否有利于流域内人与自然、人与人、人与社会关系的和谐发展是衡量区域文化高质量发展的标尺。

## 二、赤水河流域文化及其发展现状

赤水河古称赤虺河，在历史上曾经是南方丝绸之路的重要通道之一，同时是秦汉通往西南夷及南越的重要水陆通道，也是历史上川盐古道、茶马古道、明清皇木采办，以及黔铜、滇铅京运的重要通道[①]。随着社会历史的发展，赤水河从一条原始状态的河流，因人类的活动而被赋予自然河流之上的经济、政治、社会、文化功能。从最初在赤水河流域繁衍生息的少数民族，到因军事需要发展的水运航道，及在此基础上发展的盐运，和随盐运兴盛而发展的酒业，再到长征中的"四渡赤水"，赤水河流域的民族文化、盐运文化、酒文化、红色文化，记录了它跟随中华文明演进的生动历史。

---

① 仁怀市历史文化研究会. 赤水河流域历史文化研究论文集［M］. 四川大学出版社，2018.

## （一）赤水河流域民族文化

赤水河流域是典型的少数民族地区，居住在赤水河流域的有仡佬、苗、侗、满、彝、回、布依族等 30 多个少数民族，不同民族丰富多样的文化在赤水河流域共生共荣，形成了赤水河流域独具特色的民族文化风貌。

### 1. 赤水河流域民族文化历史

赤水河是长江上游的重要支流之一，发源于云南省镇雄县，向北流经贵州仁怀、习水、赤水，四川古蔺、叙永等地，在位于川黔渝交界地区的四川省合江县汇入长江。历史上赤水河流域具有处于"蛮夷北界"、独特地理区位特点：地处川黔两大传统行政区交界地带，又是汉族与少数民族杂居之地，为华夏文化圈与西南少数民族文化圈的交汇地带。

赤水河流域古属西南夷地，在西南武帝建元六年前就有濮、羋、僚等部族居住。秦汉时期，出现少数民族部落国家古习国和夜郎国。后黔西北彝族恒部后裔北上进入赤水河上游地区，建立扯勒部落。隋朝僚人兴起，在川滇黔边境建立"僚国"。自东汉桓帝建和、灵帝光和年间，至明崇祯二年奢崇明举义败亡，赤水河流域大部分地区为彝族扯勒部的统治区域。清康熙至雍正时期在西南各民族地区全面实施改土归流政策，以流官统治代替土司统治。清雍正八年开始以赤水河划界，将赤水河南岸的的毕节、金沙、仁怀、赤水、习水等地划归贵州管辖。[①]

---

① 熊华耀、罗文庆. 泸州少数民族志. 2015.

在镇压奢崇明叛乱与改土归流的过程中,明王朝官兵屠戮彝人、羿子同胞,改变了蔺州永宁地区的人口构成和社会结构。改土归流后赤水河流域与内地和中央政府的联系大大加强,汉族带来的先进生产方式、生产技术促进了该地经济、文化的发展,加快了民族融合的进程。

清代湖广填四川运动开始,各省移民大量来到四川,随着赤水河盐运业的兴起,这些移民陆续涌入赤水河流域,外省移民越来越多。《仁怀直属厅志》记载,"厅属土著者少,各省侨寓人民,江右楚蜀最多"[①],他们来到赤水河流域后,与原籍地关系逐渐淡化,与当地居民通婚,在长期的碰撞与融合中重新构建起了赤水河流域多元融合的文化。

## 2. 赤水河流域民族文化的融合特征

赤水河流域拥有各民族的民族村落、语言文字、习俗礼俗、工艺技法、音乐舞蹈、民族医药、武术体育、饮食服饰等文化遗产。云贵川三省的泸州、遵义、毕节、昭通四市的国家级非物质文化遗产就是赤水河流域民族文化的突出代表。

---

① 龙启权. 符节古韵 [M]. 团结出版社,2018.

表5-1 赤水河流域国家级非物质文化遗产名录

| 赤水河流域国家级非物质文化遗产名录① |  |
|---|---|
| 云南 | 昭通端公戏 |
|  | 四筒鼓舞 |
| 贵州 | 赤水独竹漂 |
|  | 织金苗族蜡染（蜡染技艺） |
|  | 赤水晒醋制作技艺（酿醋技艺） |
|  | 蒸馏酒传统酿造技艺（董酒酿制技艺） |
|  | 廖氏化风丹制作技艺（中医传统制剂方法） |
|  | 苗族服饰 |
| 四川 | 古蔺花灯 |
|  | 泸州老窖酒酿制技艺 |
|  | 油纸伞制作技艺 |
|  | 古蔺郎酒传统酿造技艺 |
|  | 先市酱油酿造技艺 |

赤水河流域的民族文化兼具独特性和包容性，它既是流域内各民族自古以来人与自然融合的产物，又是赤水河流域30多个少数民族共生共荣、少数民族文化与汉文化融合碰撞的结果。

第一，人与自然融合而生的自然生活气息。赤水河流域有许多群众喜闻乐见、融健身娱乐为一体的民间体育活动，这些活动往往是从古老的生产活动中产生，后来随着生活条件变化从生产劳动演变为体育活动，如陀螺、高脚竞速、珍珠球、蹴球、押加、抢花炮、独竹漂、滚山珠、游氏武术、爬花杆、采月亮、猴子爬高杆、"同镇"赛力、石担和石锁、"同顶"赛劲、打"抛儿"、射弩、摔跤、赛马、磨磨秋、芦笙舞

---

① 根据五批次国家非物质文化遗产名录整理。

等。例如，独竹漂曾是当地人传统的水上交通运输方式，后来逐渐发展为一种独特的黔北苗族民间绝技，并成为少数民族的娱乐、比赛项目。这些少数民族的体育、技艺、民俗、舞蹈都是赤水河流域先民生活的真实记录，组成了赤水河流域民族文化丰富多彩的图谱，在"民族的就是世界的"的当下，对于国内外游人和文化工作者有着强烈的吸引力。

第二，各少数民族共生共荣的多样繁荣。在赤水河全流域的县、市（区）中，云南镇雄县有彝、苗、白、回等17个少数民族，威信县有汉、彝等民族；贵州省毕节市聚居着23个民族，大方县居住着汉、彝、苗、白、仡佬等23个民族，金沙县有汉、苗、彝等15个民族，遵义有36个少数民族，梓桐有36个少数民族，仁怀居住着汉、苗、布依、仡佬、彝、白等9个民族，习水县生活着23个少数民族，赤水有23个少数民族；四川叙永县生活着30个少数民族，古蔺县生活着12个少数民族。[①] 赤水河流域文化最初和最久远的贡献者，和汉族文化融合共生，共同构成赤水河流域丰富多彩的民族文化。

第三，汉文化与少数民族文化的融合碰撞。赤水河流域内各民族之间的文化既有独特性又有相通之处，如今留下的文化遗产中有大量汉文化与其他文化交织相融的成分。非遗蜡染是我国古老的少数民族民间传统纺织印染手工艺，蓝底白花的至简之色开出至繁之美。苗族蜡染的起源可追溯到2000多年前的秦汉时期。秦汉间已有染缬，六朝时开始流行，隋代宫廷特别流行这种手工艺品并开始出现一些精美的特殊花样。蜡染在唐代尤为盛行，技术也日趋成熟，然而自宋代以来蜡染就开始衰退，仅作为我国古老的少数民族民间传统纺织印染手工艺传承至今，2006年苗族蜡染技艺被列入国家级非遗名录。少数民族文化和汉文化

---

① 来自各地民宗局网站公布的最新数据。

具有并不完全相同的发展、传承过程，许多中华大地的历史文化在少数民族中得以保护、传承，今天我们可以在赤水河流域感受到丰富多彩且异常和谐融通的文化氛围。

## 3. 赤水河流域民族文化发展现状

近年赤水河流域的川滇黔三省都在积极保护、开发民族文化资源，在保护的基础上，主打民族特色，发展特色旅游，起到了不断推动民族文化发展繁荣和将文化资源转化为经济资源的效果，为带动赤水河流域经济社会发展起到积极作用。特别是贵州省近年来系统提升省内文化旅游软硬件实力，在赤水河沿岸的民族文化保护开发上成效突出。

第一，健全民族文化传承发展体制机制。

2021年贵州省为了推动民族文化传承发展，弘扬中华优秀传统文化，建设民族特色文化强省，促进经济社会高质量发展和民族团结，制定《贵州省民族文化传承发展促进条例》。对贵州省各族人民在长期生产生活实践中形成、发展、创造的，体现各民族相互依存、交往融合、共同发展特点和中华优秀传统文化特质的各种物质和非物质文化表现形式进行了保护：如文学、典籍等语言文字记述；传统村落、少数民族特色村寨、特色民居、民族建筑、历史遗迹等活动场所及实物；服饰、刺绣、印染、酿造、医药等工艺技术及产品；音乐、舞蹈、戏剧、曲艺、美术、书法、杂技等艺术表现形式；节庆、游艺、礼仪、习俗、体育竞技等民风民俗；耕作、养殖、饮食等生产生活方式；婚姻家庭、邻里关系、社会管理等制度规范等。

第二，多措并举推动民族文化传承传播。

与贵州省一河之隔的四川省泸州市叙永县结合旅游开发、脱贫攻坚和乡村振兴工作，进一步挖掘、保护、传承和发展少数民族优秀传统文化。一是组建苗族、彝族学术研究会对全县民歌、舞蹈、诗歌、民间文学等民族民间文化艺术进行挖掘、搜集和整理。二是扎实推进少数民族非物质文化遗产保护工作。三是推动少数民族文化传承进校园，丰富校园特色民族文化载体，拓宽民族教育渠道，发展和繁荣学校少数民族优秀传统文化。四是积极开展民族文化基础设施建设，新建多个苗族文化展览馆、苗族扎染蜡染传习所、少数民族传统文化保护传承基地、民族新村寨，保护和修复少数民族特色村寨的道路、民居建筑、公共文化设施等各项基础设施。

第三，民族文化与其他文化资源相互助力。

赤水河流域各省市都在通过打造旅游、研学线路等方式将民族特色文化与酒文化、红色文化等实际融合开发打造，全方位展示区域的文化软实力。通过研学线路开展民族文化和红色文化的深度体验、开放各种非遗项目；通过旅游路线将各类红色资源和民族文化资源串联；通过开办国际马拉松、民族体育竞技等赛事将民间技艺和现代体育产业发展相结合；通过制作高品质的演出和影视作品，弘扬民族文化、酒文化、红色文化和其他历史文化。丰富的文化吸引力和现代化的文化呈现方式吸引了国内外游客参与，取得了很好的传播效果。

目前赤水河流域民族文化客观上存在发展不平衡和省际文化交流不充分的现象。贵州省在民族文化的保护、传承与发展及其转化为经济资源，为当地人民创收方面成效显著。四川和云南两省在赤水河流域民族文化方面的影响力和传播力较弱。三省间有一些少数民族文化体育交流活动，但跨区域的民族文化的交流、研究和共同开发的氛围尚未形成。

## （二）赤水河流域盐运文化

历史上黔地不产盐，长期缺盐。自古以来食盐供应都靠其他省份运输而来，受古代交通条件的制约，食盐运输量少价高，民间"吃盐当过年"。由于川盐距离黔地最近，交通运输相对便利而成为当时黔地食盐最重要的供给方，对此明代《盐价说》中记载："仰给于蜀，蜀微，则黔不知味矣。"① 而赤水河河道的盐运量远大于永宁古道和昭通古道，占据了川盐入黔总量的70%以上，是"川盐入黔"的重要通道。盐运的发展迅速促进了赤水河流域人员集聚，推动了流域经济的迅速发展，赤水河流域中下游地区经济社会文化发展日益兴盛，沿岸的集市场镇发展起来，并催生了其后赤水河流域璀璨的酒文化。

### 1. 赤水河流域盐运历史

赤水河自古是川黔交通要道，汉建元六年，汉武帝派唐蒙出使古夜郎，从今合江县出发，沿赤水河进入夜郎。赤水河下游河槽开阔、水流平缓，上中游原生型石滩甚少，为早期的通航创造了条件。赤水河流域经济活动频繁，农耕、伐木影响了自然生态，沿河两岸大量裸露岩石随着山洪被冲进河道，日积月累，造成江河阻障、急流险滩。纤道逐渐中断，中上游河道不能通航，只能间接行船。宋代战乱侵扰，明代改土归流后赤水河流域又经历长时间的乱局，社会经济发展缓慢。直至清代乾隆时期历史上第一次大规模疏通赤水河，通航里程增加，险滩减少。赤水河通航条件的改善，也彻底改变了赤水河流域的历史，利于其后赤水河流域的经济社会文化发展。

清乾隆元年，为了解决黔地的食盐问题，清政府划定贵州为川盐主销区，在川黔交界的交通要道设立永（宁）、仁（怀）、綦（江）、涪（陵）四大盐岸，允许盐商纳税后可专门从四川运盐销往黔地。（见图5-1）

---

① 龙启权. 符节古韵 [M]. 团结出版社，2018.

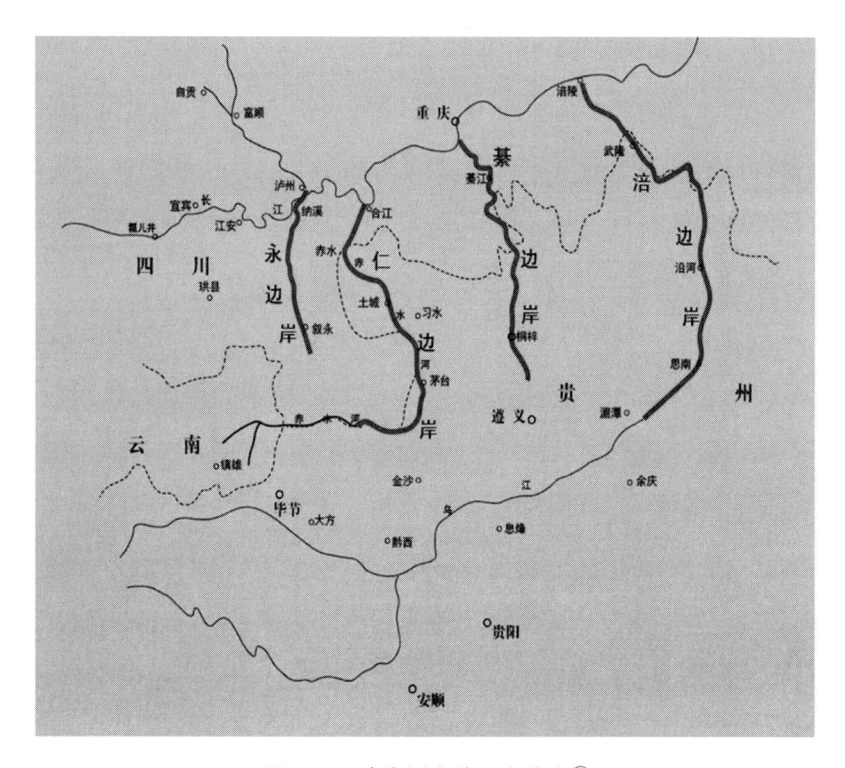

## 第五章 赤水河流域文化高质量发展研究

**图 5-1 清代划定的四大盐岸**①

为了便于铅铜运京和贵州食盐问题的解决，云贵总督张广泗向清廷奏请疏浚赤水河道。清乾隆十年对赤水河进行了第一次大的疏浚，"乾隆十年督部院张，因滇、黔铜铅，每岁由陆路转输，节节皆崇山峻岭，鸟路羊肠，驮载艰难，脚费浩大，且黔省不产盐，须从川肩挑背负，连至猿猴（今元厚）转贩，议将赤水河道疏凿开通，使入京之铜铅，客商之盐货，俱由水运，上可节省国币，下亦利济民生"②。经疏通后，除二郎滩口上溯至马桑坪间30多里的河段未凿通外，其余河段均可通航。疏凿后的赤水河分段通航：第一段从合江县城到直隶仁怀厅，第二段从

---

② 泸州市委党史研究室. 泸州盐茶古道[M]. 四川师范大学电子出版社，2019.

仁怀厅到二郎滩，第三段从二郎滩经马桑坪、沙湾码头到茅村，第四段为茅村上游。川盐大多是从四川合江运至赤水，转船逆赤水河而上，船陆结合运到集散地茅台，再由茅台陆运到黔北、黔中和黔西北各地。① 川盐得以更加通畅地通过赤水河进入黔北，以茅台为中心的仁岸基本形成。

清光绪三年，四川总督丁宝桢为解决此前咸丰、同治时期起义等动荡造成川盐入黔通道受阻的问题，改革盐政，重新确定川盐入黔的四大口岸。光绪四年盐务官运总局唐炯请准随后对四大口岸水陆盐道进行整治，对赤水河进行了第二次大规模疏浚。赤水河交通运输条件大大改善，经营盐业的商号纷纷成立，形成一个以运销食盐为中心的商业网络。沿着这一网络的运输路线，将黔北盛产的矿产和土特产品，诸如煤、铁、粮食、蚕丝、茶叶、药材、竹木等运入长江，输至全国各地，引来了大批的外地客商，繁荣了赤水河流域的经济。

历史上对赤水河的第三次大的疏浚是在民国二十六年（1937年），成立赤水河工程局，整修茅台至马桑坪段，重点整治马岩滩、陶洪滩等险滩。以炸险去浅为主，边修纤道、丁坝、顺坝为辅，这次整治消除了赤水至二郎滩的最大瓶颈，船只可以通过猿猴，川盐、煤炭、硫磺、粮食等不用卸载人工搬运换船，从而使运输的时间和成本大大减少，川黔两地商品流通更加便利。1952年打通吴公岩，1955年赤水河全线通航，船只可直通赤水、合江、重庆。② 至此，赤水河全线通航，整个赤水河流域真正实现了畅通，上中下游全线联通了起来。

---

① 泸州市委党史研究室. 泸州盐茶古道 [M]. 四川师范大学电子出版社，2019.

② 泸州市委党史研究室. 泸州盐茶古道 [M]. 四川师范大学电子出版社，2019.

赤水河的自然通航条件使它承担起川盐入黔的历史重任，随着历史上对赤水河的几次治理，赤水河流域的通航运输能力越来越强，川盐入黔越来越畅通，黔地的物资更便捷地运出，赤水河不仅成为川黔两地的重要交通、运输通道，也成为赤水河流域川黔两地联通全国的通道。"川盐入黔"打破了赤水河流域川南黔北的闭塞，加快了这一地区对外开放的步伐，带动了沿岸交通运输业、酿酒业、采矿业等的发展。

## 2. 赤水河流域盐运文化

今天赤水河沿岸的重要乡镇和市县在赤水河盐运的历史上发挥过重要作用，是赤水河盐运航道上经济社会文化交流的重要节点。盐运使赤水河流域上中下游以共同体的形态对外交流、对外输出。整个赤水河流域因盐运通道成为一个集地理、经济、历史和产业于一体的"流域共同体"，从一个侧面反映了历史上这一区域经济社会发展的变迁和当地人民群众艰辛勤劳的生活。

（1）码头及文化

至今赤水河沿岸还遗存着许多的码头、集镇、渡口、盐仓，记录着当年川盐入黔的历史。沿河的主要码头有：合江南关码头、史坝码头、牛脑码头、榕山码头、先市码头；贵州赤水码头、大同码头、丙安码头、元厚码头、土城码头；古蔺太平码头、二郎码头、茅台码头。另外还有大鸿米店、白鹿镇江西会馆、水潦镇土司庄园、二郎天益号盐号、土城盐号等遗迹。

码头是一个小型中心，物资、运输渠道和人短暂汇聚在一个共同的时空，再由此地向四处流动。在赤水河盐运的码头物资集散和贸易往来的过程中，形成了赤水河流域盐运文化的重要载体——码头文化。码头是转运站，是赤水河沿岸人们每天面对往来商户的窗口，各种各样的船舶，各种粮食物资在这里集散，各路商旅在这里汇聚，所以码头文化具有开放和包容的特点；码头是赤水河沿岸平民"卖劳力"的场所，货物在此中转、集散、起驳、装载，需要大量的搬运劳工，船工、挑夫们凭一身劳力将堆积如山的货物进行搬运疏散，所以码头文化具有坚韧、粗犷的特点；码头是平民生计的十八个行当汇聚的地方：袍哥、马帮、船帮、盐帮、丐帮、药帮、茶帮、木帮、糖食帮、酒帮与铁帮、布帮、油帮、米帮、石帮、戏帮、经济帮、栈房帮，在个体难以追求自由发展的年代，帮派强调群体协作和互助，所以鱼龙混杂的码头文化也有团结、协作的特点。

赤水河的盐运将流域沿岸各个码头联通起来，街镇、码头同赤水河一起担负着运输使命，赤水河流域因盐运首先成为一个统一的地域概念，一个地理意义上的共同体。

（2）特殊人群

赤水河盐运不仅改变了流域沿岸的码头街镇，而且深刻影响了流域两岸人民的生活。盐运的水路和陆路密切相关，河道运输与陆路运输衔接，古盐道上的马帮赶马人和背夫与河道运输中的船工、纤夫就成为不可或缺的劳动力。

因盐而聚集兴盛的两岸古镇上的船工、背夫也成为赤水河流域盐运文化中的重要组成部分。旧时川黔边界上的穷苦农民，大多数以背盐为生，不论男女，从七八岁就背盐，直到不能行动才停止，不分寒暑，负重百斤。"背二哥"在"大背师"的带领下背盐到贵州后，往往背铅回永宁府，路途上只能靠丁字拐垫在盐袋下休息。现在，在赤水河边、太平、二郎等地的古道上随处可见当时盐工背盐时留下的杵拐印石窝子和马帮的马蹄印，这些见证了当地曾经的繁华，也见证了背盐人的艰辛。

赤水河上的运盐船一般以8～10只为一单,从赤水城上行至赤水复兴,然后集中一单船的纤夫拉一只盐船过仁怀,停宿于上码头四湾沱,大约三日后抵达土城,以人背或者马驮的形式运走一部分盐,剩下的改装小牯牛船继续上行。[①] 赤水河滩多水急,特别是逆水行船时必须要纤夫拉船。赤水河的盐船行业有船工3000余人,推船时靠船夫,拉船时靠纤夫,在河流峡谷中艰苦劳动。拉纤的人在"边高"的指挥下按照他走的路线、步伐和节奏前进;"二边"根据舵手的指令传达给"边高"和同伴,领唱号子,带领纤夫们为河流上的船只运进运出而努力。

这些船工、纤夫、背夫的身影和足迹将赤水河流域沿岸航道串联起来,同各路商人一起穿行于赤水河上中下游各个码头、集镇。自然流淌的赤水河,随着盐运而成为一条具有很强经济社会功能的河流,成为当时众多百姓的生计所在,赤水河流域也因而成为一个经济共同体。

(3) 诗歌

在赤水河流域因川黔入盐这一重要的经济活动而产生了流域沿岸独特的民俗文化。合江福宝的贯打唢呐最初就是活动在山间运盐的山民、马帮等为排解寂寞,以竹管吹奏,并用竹梆、木鼓和铁器、铜器伴奏的音乐形式。此外,福宝高腔山歌、先滩竹筏歌都是在盐运过程中产生的。

船工号子是赤水河流域另一个独特的文化符号。赤水河船工号子和长江号子一样,形式多样。大多数船工号子都是套用调子,内容临场发挥,看到什么,想到什么,就唱什么。纤夫们在领唱的号子头带领下,一唱众和,领唱看山唱山,看水唱水,即兴演唱,把沿岸的风土人情收

---

[①] 泸州市委党史研究室. 泸州盐茶古道 [M]. 四川师范大学电子出版社, 2019.

入其中,还会根据江河水势、水性等表现出不同的节奏、音调和情绪,而"和唱"则由众纤夫担任,一领一随,成为赤水河上独特的风景。

有关的诗歌也记录了赤水河流域的盐运历史,清代陈熙晋、邓元穗、赵藩,民国时期的黄炎培等人都作有相关的诗词。

另外还有大量民间歌谣,如背夫谣、背盐民谣则生动地描述了盐运时代下的历史和群众的生活。

不同的年代,不同的集镇码头,不同的文化表现形式,从各个角度为后人提供了解赤水河流域地理人文历史的线索,描绘出赤水河流域的历史风貌。

(4) 酒文化

船夫、纤夫、马帮、脚夫在赤水河及黔北群山中跋涉,形成了数百年赤水河最为壮阔的航运图,走出了充满艰辛又蔚为壮观的川盐入黔之路。原本的小村庄因水陆畅通、盐运周转,运盐马帮和往来商船络绎不绝,开始形成一个川盐销黔的转运站和货物集散地,并逐渐繁荣,成为繁华小镇。当时,在茅台歇脚的盐商既无丝竹管弦之乐,又无斗鸡走马之趣,勤劳聪明的茅台人从中发现了商机,将自家酿造的酒卖给这些客商。而船工、纤夫、背夫等因体力劳动强度大,常以酒解乏,乃至舒筋活血。随着盐运的不断发展,赤水河沿岸对酒的需求与日俱增,更兴起了许多"烧房"。"蜀盐去贵州,秦商聚茅台",清光绪年间,"茅春""茅台烧春""回沙茅台"已远销诸省,"家唯储酒卖,船只载盐多"成为那一时期茅台镇繁忙景象的历史写照。

"赤水河万古流,上酿酒,下酿油,船工苦,船工愁,好在不缺酒和油。"盐运带动了赤水河流域酿造业的发展,盐和酒共同促进了赤水河流域城镇集市的繁荣,大大小小的酒坊推动着盐运业衰退后赤水河流域新的发展轨迹。今天赤水河流域具有世界影响力的酒文化,是顺应经济发展需要的产物，也是当地群众用智慧将自然生态与社会需求相结合的产物，具有深刻的历史、文化、自然渊源。

图 5-2 赤水河流域盐运盐号、运销点网络①

## 3. 赤水河流域盐运文化发展现状

从 1330 年开始，赤水河和沿途的山路，便成了密切川黔两地经贸、人力往来的交通要道。从光绪年间到 20 世纪二三十年代，赤水河水上货运迎来黄金期，川盐入黔、黔茶出川构成了主要货物往来，是一条极

---

① 泸州市委党史研究室. 泸州盐茶古道［M］. 四川师范大学电子出版社，2019.

重要的交通枢纽。

新中国成立后，通往赤水河沿岸之赤水、习水、仁怀、金沙诸地的公路相继建成通车。交通运输条件持续改善，贵州等地所需之盐，先后改为用汽车运输，马帮、背夫、纤夫渐渐退出历史舞台。

因盐运而兴起的街镇在赤水河流域经济社会中持续发挥着作用，成为当地经济社会发展的中心，今天赤水河沿岸的重要乡镇、县区都是当年盐运的重要集镇。随盐运而兴盛的赤水河美酒渐渐成为赤水河流域最响亮的名片，为中华文化中不可或缺的要素。

为了保护传承赤水河流域盐运文化，川滇黔三省对赤水河流域的盐运文化及其载体进行了整理、保护和研究。

(1) 对盐运文化进行记录、研究和传播

赤水河流域民间一直有对盐运的研究，但现在可查的公开发表和出版的书籍中对赤水河盐运的历史及其地位和作用进行详细考证的并不多。近年来《泸州盐茶古道》《符节古韵》《走进赤水河》《赤水河流域经济文化综合研究文集》《贵州文化遗产丛书之考古系列：大河上下赤水河考古记》《赤水河流域经济文化综合研究文集》等出版物都是当地对赤水河盐运历史进行详尽考察的成果，对盐运历史研究起到积极推动作用。近年来越来越多的研究者以系统观念研究赤水河，对赤水河流域的盐文化和酒文化的深层关联进行研究。

各地政府和文旅部门对当地曾参与和见证盐运的人群进行采访，对赤水河船工号子、民谣等以录音录像的方式进行保存，将赤水河盐运文化以多样的形式进行保存和传播。

(2) 对盐运历史遗迹进行保护开发

为了传承和发展赤水河"黄金大动脉"700年的历史和文化，赤水河沿岸的川黔两省相继成立相关博物馆。2009年贵州省建成赤水河盐运文化陈列馆，该陈列馆位于土城古镇长征街土城盐号（旧时为"仁案川盐委托大业公司办事处"），是至今赤水河畔规模最大、保存最完整的盐号。2017 年贵州省成立了贵州航运历史博物馆，展现了赤水河的航运历史。另外，贵州省有一家独具特色的陈列馆，使当地的"大关盐号"成为开展爱国主义教育、革命传统文化教育和盐运文化传承教育的基地、旅游胜地。在赤水河对岸，2021 年四川泸州的二郎镇也依托原有的盐号遗址成立了二郎滩盐运文化陈列馆，主要展示赤水河盐运和"仁岸"盐运历史。

（3）对盐运码头集镇进行旅游开发

赤水河流域盐运的古街镇大多保护较好，具备进行旅游开发的基础。尧坝古镇、先市古镇、福宝古镇、先滩古镇、榕山古镇、白鹿古镇、凤鸣古镇、太平古镇、二郎古镇、水口古镇、丙安古镇、土城古镇、复兴古镇、赤水古镇目前在不同程度上进行了旅游开发，展现着古镇曾经的沧桑与辉煌。贵州省将对赤水河沿岸的复兴古镇进行重新打造，还原历史上盐运繁盛时期，"家唯储酒卖，船只载盐多"的风貌。

目前赤水河流域盐运的历史地位和影响力还相对较弱，流域盐运文化在研究挖掘的深度、开发的程度和形式上还有较大的发展空间。盐运打开了赤水河流域门户，将少数民族与汉族联系起来，加深了川南黔北民众与全国各地客商的联系。今天对盐运文化的保护、研究与开发也需要立足"流域共同体"的观念，以创新、协调、绿色、开放、共享的理念形成省际、市际协同保护、研究、开发的合作机制。

## （三）赤水河流域美酒文化

赤水河的盐运极大推动了赤水河流域的经济发展，由于川盐入黔，从事盐运的商贾大量集聚，商贸和文化交流扩大，赤水河中下游很快成为当时西南地区经济文化较为发达的地区,并带动了酒文化的兴起。因其独特的地理环境和水文气候特性,赤水河被称作"美酒河",随着盐运的发展,酒业兴盛起来,赤水河沿岸布满了酿酒厂,有民谚形容赤水河流域的酒厂:"上游是茅台,下游望泸州,船到二郎滩,又该喝郎酒。"因为"集灵泉于一身,汇秀水东下",赤水河沿岸集中了60%的中国名酒品牌,90%以上的酱酒品牌,是名副其实的"世界酱香型白酒核心产区",拥有茅台、泸州老窖、郎酒、董酒、习酒、潭酒、怀酒、珍酒等蜚声中外的美酒品牌。

## 1. 赤水河流域酿酒历史

在仁怀市博物馆,陈列着1996年在仁怀城区出土的商代青铜大口樽和其他一些酒器。这些酒器形制完美,说明在这一时期,酿酒业已经在茅台镇一带出现,这也是迄今为止在贵州境内发现的最早的酒器。

赤水河流域酒业有文字可查的历史,是从公元前135年开始的。据司马迁《史记·西南夷列传》记载,汉武帝建元六年(135),鄱阳令唐蒙出使夜郎,到达今天茅台镇所属的"夜郎小邑","南越食蒙蜀枸酱。蒙问所从来……贾人曰'独蜀出枸酱。多持出窃市夜郎'"。把当地的枸酱美酒带回中原,献给汉武帝,汉武帝饮后赞曰"甘美之",并将枸酱酒定为贡品。[①]

《史记》一书中的"枸酱"为贵州古濮人所制,是同于周代又别于中原"秫酒"的另一类酿制酒。到明代,贵州茅台酒的独特工艺——回沙工艺开始形成。清代前期贵州酿酒有了一个很大的发展,几乎村村寨

---

[①] 仁怀市历史文化研究会. 赤水河流域历史文化研究论文集[M]. 四川大学出版社,2018.

寨都酿酒,酒的品种也渐渐增多。

到唐宋时期,赤水河畔的茅台一带已能酿制出全国闻名的大曲酒。张名臣在《酒名记》中便留下了北宋滋州(治所在今茅台之北)出风曲法酒的记载。北宋诗人黄庭坚在往广西宣州赴任途中饮到产于赤水河畔的酒后,发出了"殊可饮"的赞叹。

元明之际,茅台地区出现了回沙工艺,正规酿酒作坊在杨柳湾一带陆续兴建。明代茅台村《邬氏族谱》扉页所绘家庭住址地形图标注中,1784 年,茅台邬氏住居邻近已经出现了一个叫"偈盛酒号"的烧房,这也是赤水河畔第一个有正式文字记载的酿酒作坊。

清代初年,茅台回沙酱香酒工艺逐渐定型。康熙四十二年,"茅春""茅台烧春""回沙茅台"等已成为西南白酒市场的佼佼者。咸丰四年,吴振棫所著《黔语》称:"茅台村隶仁怀县,滨河,土人善酿。"在《田居蚕食录》中,也有着"仁怀城西,茅台村制酒,黔省第一"的明确记载。

清乾隆十年,贵州总督张广泗疏通赤水河道,使茅台成为黔北的重要口岸。光绪三年,四川总督丁宝桢奏请光绪皇帝批准再次疏浚赤水河后,每年由赤水河运往茅台的盐达六百五十多万公斤,一时间,商贾云集,对酒的需求与日俱增,茅台成为"家唯储酒卖,船只载盐多"的繁荣市镇。据《遵义府志》记载,当时"茅台烧房不下二十家",每年酿酒"所费山粮不下二万石"。清代诗人张国华曾经在茅台写下过这样的诗句:"于今酒好在茅台,滇黔川湘客到来。贩去千里市上卖,谁不称奇亦罕哉。"

## 2. 赤水河流域美酒文化

每年端午节至重阳节期间,随着雨季来临,赤水河沿岸大量紫红色土壤被冲刷入水,此时河水呈现出浑浊的红色;而重阳节至翌年端午节,雨量骤减,河水又恢复清澈透明。在赤水河谷生活的居民们顺应自然的变化规律,根据赤水河每年清浊的变化情况,积累了传统酱香型白酒酿造工艺,展示出孕育在这一方水土中的深厚酿酒文化,积累了享誉世界的中国酱香型美酒文化。

第一,得天独厚的酿造条件。

赤水河流域的自然环境为酒文化的发展提供了得天独厚的酿造条件。酒的酿造,水至为关键。赤水河流经云贵川三省,四分之三的流域面积在大山中,河水清澈透底,两岸陡峭,多险滩急流,水质良好。

赤水河谷特殊的紫色沙页岩地质地貌结构也形成了有利于酿酒的优良水质。土壤松散,孔隙大,渗透性强,地表水和地下水从大地奔向赤水河时,在被层层过滤、吸收、转化中,还原为清甜可口的天然山泉,还顺便将土质中的多种有益矿物质带入赤水河。赤水河河水富含多种微量矿物元素,PH 值保持在 6.5~8.5 之间,总硬度在 2~7 之间,酸碱度以及硬度适中,有利于曲霉以及酵母菌等酿酒微生物的生长繁殖。河水中含有的多种微量元素以及矿物质,能与酒液中的其他物质互相作用,对最后原酒的酒体风味及香味层次产生重要的催化作用。

赤水河谷两山对峙,一水中流,气候湿润而冬暖夏热少雨水,利于酿酒过程中发挥重要作用的微生物的生长、富集。二郎滩到茅台镇的 40 公里河谷,几乎都是临河高崖,其特有的温度、湿度、土壤、微生物群,使这里具备孕育优质酱酒得天独厚的优势。在 1000 多米的高山合围中,赤水河两畔海拔 300~400 米的区域,夏天温度非常高,河水带来的湿度,加上像天然"蒸锅"般的气候,有利于酿酒微生物的生长和繁衍,很适合酿酒。

得天独厚的地理条件是自然的创造,更得益于一代代赤水河流域人民的维护。赤水河流域以美酒向世人展现了赤水河的历史和现代、时间和空间、自然与人的和谐共生状态。

第二,顺应自然的酿造工艺。

以茅台酒为例,其依据赤水河河水的清浊变化,以一年为一个生产周期,将赤水河河水的精髓融入酱酒酿造的全过程:端午制曲、重阳下沙;分两次投料、九次蒸煮、八次发酵,七次取酒,经过"12987"工艺,酱香型白酒完成了从原料到美酒的蜕变;再加上三年贮存、半年勾调,茅台酒从原料进厂到产品出厂,至少要经过五年时间。

沿岸的酒企根据赤水河河水的自然变化规律来酿酒,端午节过后,赤水河开始变得浑浊,此时只需要取少量的水来制曲;待到重阳节,赤水河逐渐变得清澈,此时的河水经过沉淀,包含丰富的矿物质,沿岸的酒企开始大量取水,进行投料、烤酒、取酒。

酱香型白酒七次取酒的时间节点,也与四季变化、气温时令密切相关。在寒冷的冬天,一般出酒量小的第一、第二轮次的白酒会被蒸馏出来;随着春暖花开,温度上升,出酒量大的第三、第四、第五轮次的白酒大量产出;最后,随着气温的进一步升高,酒醅中的酿酒微生物达到较高活跃值,催生剩余营养成分全部融入收尾的第六、第七轮次酒中。

赤水河流域的白酒酿造技术是对赤水河流域自然生态的敬畏和尊重,又包含了流域人民对于自然规律的应用和创新,这种主观和客观的有机融合使酱香白酒独特的酿造工艺与赤水河谷互相成就,形成了赤水河流域白酒独特的气韵和口碑,造就了赤水河流域独特的地理"品牌"效应,赤水河与美酒紧密联系起来,并不断发展壮大为中国的"白酒金三角"。

第三,原生优质的酿造原料。

赤水河谷的酱酒使用川南黔北的优质糯高粱作为原料,茅台酒等优质酱香酒使用红缨子糯高粱，这些是大曲酱香酒的核心原料之一。其颗粒小、皮厚、坚实、饱满、糯性强、耐蒸煮，支链淀粉和单宁含量高，适合酱香酒"九次蒸煮、八次发酵、七次取酒"的特殊工艺。米红粱淀粉含量平均高达 62.8%，几乎全部为支链结构，这种结构不利于胃酸消化，却很适合糊化发酵。茅台镇酿酒人中有句老话，叫作"五斤粮食一斤酒"。现在郎酒等企业针对郎酒酱香型白酒酿造的品质需求，在川南本地糯高粱基础上，培育出郎酒专用高粱——"郎糯红 19 号"，不仅从源头保证了酱酒品质，而且走出了一条特色扶贫之路，为大批农民带来了长久收益，推动了地方经济的发展。

第四，传统与现代的创新。

在科技日新月异的今天，最大程度保证酒质，是一个融合技艺的传承与创新与原料的创新的过程。赤水河流域的酒业也在不断运用科技手段对白酒酿造工艺进行改进，使现代科技与传统工艺不断碰撞，不断探索白酒的酿造、保存、运输和白酒品牌打造的新形态。从古老到现代，从酿造的原料到种植原料的人，赤水河流域酱香白酒在不断发展过程中探索出企业发展带动区域经济社会发展的路径，通过种植高粱，进入酒企工作，从事相关销售工作等方式，使白酒产业成为影响赤水河流域人民生活水平的关键要素，在带动区域经济发展、促进就业、实现人民增收、推动基础设施改造等方面起到积极作用。

## 3. 赤水河流域美酒文化发展现状

如果说盐运铸就了赤水河流域最初的黄金年代，那么白酒就是现在赤水河流域最响亮的招牌。在传承和发展赤水河流域美酒文化方面，四川、贵州两省都做出了多方面的努力。

第一，维护赤水河的生态，保持赤水河美酒生态特质。

2020年茅台联合川黔两省众多优秀酒企，签署了《世界酱香型白酒核心产区企业共同发展宣言》。该宣言中明确表明，产区企业，均有责任珍惜并保护赤水河流域自然环境，尤其是保护水域特殊多元的生态系统，倡导绿色生产与低碳循环，提升治污能力和资源综合利用，共同维护产区公共卫生，令其避免因工业化进程而受污染或破坏，为本产区的可持续发展保驾护航。赤水河沿岸酒企在协议中承诺会竭力保护水源、土壤、气候、微生物、生态链等，努力实现零污染、低排放，以实际行动助力生态和谐。

第二，坚持传统酿造工艺，传承赤水河美酒历史精髓。

为坚持传承传统酿造工艺，赤水河沿岸的贵州和四川以各种形式在酒企内部进行技艺演练，并面向社会大众进行宣传。贵州省仁怀市多次举办踩曲、装仓等技能竞赛，大赛吸引了来自赤水河酱酒产区的41支队伍，评选出赤水河产区酱香制曲的代言人。郎酒等酒企以传统酿造技艺，推动企业创新、新技术推广等，成立了非遗传承工作室，为郎酒培养酿酒专业技术人才、为白酒新黄金十年提供技术和人才支持。

第三，传播白酒文化，演绎中国酱香白酒魅力。

在赤水河沿岸，茅台、董酒、宋窖等均成立了自己的博物馆，展示其酿造工艺和酱酒的发展历程，让参观者一览中国酱香白酒的久远与辉煌。郎酒则通过郎酒庄园工艺的形式立体呈现郎酒的"生长养藏"全过程，提升了品牌的影响力。

第四，"酒文化＋"融合发展，带动流域内文化旅游发展。

以茅台为代表的茅台镇，郎酒主打的郎酒庄园，习水、赤水的酒街等，都是当地具有热度的旅游景点，成为赤水河沿岸独特的一道风景。"酒文化＋"成为当地文旅发展的主要模式，酒文化与红色文化、绿色生态文化融合，让游客观特色风景、品尝美酒、一睹酿酒工艺，了解红色文化历史,为赤水河流域的文化旅游提供了丰富的色彩和多层次的内涵,不断吸引各地游客,带动了流域内文化旅游发展。

## 三、赤水河流域文化高质量发展的案例研究

为了更好地保护赤水河,2021年5月底,云贵川三省人大常委会审议并通过了《关于加强赤水河流域共同保护的决定》,同时通过了《赤水河流域保护条例》,该决定和条例在7月1日同步生效。其中在"文化保护与传承"方面做了诸多规定,如赤水河流域县级以上人民政府及其有关部门应当积极采取措施,加强对民风民俗、民间艺术、传统技艺、民族文化、航运文化、盐运文化、长征文化、酒文化、竹文化等非物质文化遗产的发掘、整理、保护和利用工作,传承流域特有文化。该条例还规定,赤水河流域县级以上人民政府文化和旅游主管部门应当根据文化遗产的特征和保护需要,明确文化遗产保护责任单位、责任人、传承人;文化遗产保护责任单位、责任人、传承人应当制定文化遗产保护方案和措施,积极履行保护和管理义务,依法保护、管理和利用文化遗产;文化遗产受到或者可能受到损坏的,文化遗产保护责任单位、责任人、传承人应当积极采取保护、修缮措施,并向县级以上人民政府文化和旅游主管部门报告,文化和旅游主管部门应当及时予以处理等。

三地共同立法保护赤水河,是赤水河流域高质量发展进程中的里程碑。从流域范围将上中下游结合,从省域范围将三省四市各区县联系起来,围绕赤水河流域的发展共建共享,应该是未来赤水河流域的发展方向。

## (一) 赤水河流域盐运文化高质量发展的研究

目前，行政区划合作机制的不健全导致赤水河流域内部无序竞争，流域内品牌内卷，缺乏资源的有效整合，使得赤水河流域的盐运文化和美酒文化在发展中遭遇了一些困境。

以赤水河流域盐运文化为例，一河之隔的赤水河两岸，土城和二郎都建有盐运博物馆或陈列馆，都是以赤水河流域的盐运为基本陈列内容，所以在内容上不可避免会产生重复，两馆之间呈现同质竞争态势。

满足人民群众对美好生活的向往，立足当前人民群众在文化消费领域倾向深度、品质体验的需求，结合赤水河流域盐运文化的特点，仅以盐运博物馆的方式进行盐运文化的呈现有明显的不足。主要体现在以下几个方面：

模糊感：从盐的产地到运入贵州的路线较长，游客听讲解看展难以理解其地理空间的复杂性和交通运输的难度，对许多地名只是很模糊的概念，难以感知盐运全过程；陌生感：盐运的古道和背夫马队等在新中国成立后渐渐消失，当时的运输工具、劳动工具是今天的游客难以想象的，劳动强度和难度也是难以被理解的，其中的艰辛也是今天的中青年人难以想象的；距离感：当时百姓的生活究竟有多穷苦，背一趟盐可以挣多少钱，这些钱可以买多少东西，如果不放到当时的时代背景中是难以被理解的。

基于以上分析，赤水河流域盐运文化的发展应从两个维度进行打造，一个维度是宏观的艰难与辉煌，河道疏浚的艰难、运输的艰难、背夫的艰难、纤夫的艰难，对应的辉煌是赤水河流域的盐运黄金时代，对川黔两地、整个赤水河流域以及当时的社会而言具有非凡的意义与价值；另一个维度是个体感受层面的，通过模拟场景体验，不同的人根据年龄、性别对应选择当时的劳动角色,感知当时劳动人民的具体生活。

因此,除盐运博物馆、陈列馆之外,川黔两地应联手合作,以历史上的四大口岸为基础,模拟古代盐从开采、加工到川盐入黔的全过程,川黔两地联合复刻古代盐运的微缩路线,通过不同的水陆运输衔接而实现川盐入黔,再交换当地物资返回起点,获取相应的报酬,并以当时的物价购买生活必需品;游客通过背夫、马帮、纤夫的不同分工体验,以小组的形式进行趣味竞赛,学习历史上的劳动技能,感受斗米升盐的岁月艰辛。

川盐入黔的历史本身就是四川和贵州加强经济、社会、文化关联的过程,川黔两地共同打造盐运文化场景体验,将成为因盐运而生的另一次有意义的合作。

## (二)赤水河流域盐运文化、酒文化融合发展的研究

2020年天宝洞休闲度假酒店面世,作为郎酒庄园服务体系的重要节点,天宝洞休闲度假酒店的启幕标志着郎酒庄园在完善运营体系、健全体验设施、提高服务层次上迈出了重要的一步。郎酒庄园天宝洞休闲度假酒店不是市场化开放型的酒店,也不是为盈利而建的酒店,它专为郎酒会员、郎酒消费者、郎酒经销商和伙伴、郎酒的朋友而设,专门接待郎酒大家庭和白酒爱好者。

目前赤水河流域酒文化的发展势头强劲,赤水河流域的酒文化往现代、高端的方向发展,而盐运文化则局限于展陈和研究的范围,对外的影响力很弱。盐运文化和酒文化似乎是赤水河流域如今两个方向的文化领域。事实上无论是从历史的角度还是从文化资源开发的角度,盐运文化资源合理开发的欠缺对于全面理解赤水河流域酒文化的意义和价值都是不利的,赤水河流域的盐运文化和酒文化都有融合打造和开发的基

础，适合走文化融合发展之路。

首先，需要正确认识赤水河流域酒文化的渊源和内涵。赤水河流域酒文化、盐运文化的历史渊源需要被重视。目前很多宣传和研究侧重于技术层面，在对酒文化的历史阐释中缺乏对盐运的解读，无法把握赤水河流域多种文化形态间的内在关联和延续性。

其次，剥离历史的赤水河美酒无法读懂其文化意义。赤水河流域的酒文化如果脱离盐运历史、四渡赤水的历史，就无法展现其作为商品背后独特的历史需求、社会需求，无法使人理解酒在盐运文化兴盛时期作为文化交流介质的属性和社会功能。

最后，正确看待盐运文化的淡出。盐运文化随着交通运输条件的改善而淡出历史舞台，这是社会的进步与必然。同时盐运文化的精神特质是值得传承的，酒文化是盐运文化中诞生的，它超越母体，发展壮大，又以自身的不断创新书写了赤水河流域发展的新篇章，这是赤水河流域开放、创新精神的体现。

目前赤水河流域的盐运文化和酒文化融合发展的障碍在于：第一，缺乏"流域共同体"理念的支撑。赤水河两岸的贵州和四川，不管在红色资源、酒文化的开发，盐运文化的打造和展陈上都是竞争大于合作。因此，双方在文化资源的开发和打造上虽然都布了很多点，却未能串点成线，于是造成了重复竞争现象的出现。

第二，跨行政区域的协作难以展开。赤水河流域的文化资源开发都是以赤水河为基础，谁都打赤水河招牌，但谁都不能以一己之力代表赤水河。每个市县都只能局部呈现个别集镇、码头和盐号，而要对赤水河流域的文化资源进行完整的呈现，则需要进行跨行政区域的协作，最大限度结合历史，整合资源。

第三，文化资源开发程度不一。川滇黔三省在赤水河流域民族文化、盐运文化、酒文化、红色文化开发的资金投入、开发时间及政策力度均有较大的差异,四川省的泸州市起步较晚,还处于追赶状态,但应该避免在文化资源的开发利用上重复和模仿已有的模式。

这也是本研究的初衷,找出赤水河流域文化发展的脉络和内在关联,在读懂赤水河历史的基础上,将赤水河流域作为一个地理、历史、文化、产业的共同体去思考赤水河流域文化的发展,以流域文化推动流域治理,实现赤水河流域的高质量发展。

## 四、赤水河流域文化高质量发展的对策

多样的文化使赤水河流域呈现出不同的展示立面,生态的赤水河、盐运的赤水河、美酒的赤水河、民族特色的赤水河、红色文化的赤水河,每一面和其他面相关联又各具特色,而所有立面的底色都离不开赤水河的自然生态。赤水河流域高质量发展的前提和基础也必须是自然生态,在此基础上形成横向、纵向的发展构架。

### 1. 保障良好生态是促进赤水河流域文化协同发展的核心

赤水河拥有长江上游珍稀鱼类国家级自然保护区,流经云贵川三省,流域内有数千个白酒品牌。近年来经过生态治理,赤水河干流水质稳定在Ⅱ类水平,但中下游部分支流污染防治形势严峻。

2021年4月,贵州省生态环境厅公开通报的典型案例显示,酱香型白酒核心产区仁怀市,污染治理推进不力,区域生态环境问题突出。仁怀市共有白酒企业1690家,2021年在产778家。仁怀市规划的禁止

发展区内仍有 20 家生产企业未落实搬迁。部分白酒企业存在违法占用土地、环境影响评价为"未批先建"。仁怀市废水管网建设不完善，集中式废水处理设施运行效果不佳。白酒蒸馏时使用的冷却水，除茅台酒股份有限公司等少数企业按要求建设冷却水循环处理系统外，其他大多数白酒企业因陋就简，导致高温、高污染浓度的水直接排入外环境。

一旦赤水河的生态受到破坏，随之而生的酒业将首当其冲受到影响，进而影响整个赤水河流域的文化品牌。因此对赤水河流域的生态保护是赤水河流域文化高质量发展的前提和基础。

## 2. 创新、保护、传承是提升赤水河流域文化特质的重要手段

在新消费场景下，赤水河流域多样文化的保护、传承过程中应以人民为中心，满足人民群众对美好生活的向往，在内容挖掘呈现、体验的深度和广度方面做更多的创新和探索。在传统的场馆建设之外进一步利用当地的历史文化遗迹、资源做更多的内容设计和策划。运用 AI 技术、直播互动等方式将难以复制的场景还原，再现赤水河流域的险峻与辉煌；根据不同的文化类型和消费需求匹配赛事、研学、科普、休闲等内容；改变单一的宣教模式，以多维度、多叙事风格的面貌在不同媒体进行文化传播。

## 3. 流域协同发展是增强赤水河流域文化引领能力的体制基础

赤水河流域高质量发展必须从系统的角度展开，促进流域上中下游和川滇黔三省的联动协同发展。从行政管理的体制机制到项目合作等统筹流域资源，避免低效的同质化竞争和内耗。探索以流域为导向的跨区

域协作,如探索共同打造四渡赤水国际旅游景区、赤水河流域川盐入黔情景体验场馆、赤水河流域品酒大会等具有集聚效应和协同优质高效共赢可能的项目合作方式,将流域优势发挥到最大。

### 4. 资源相互借力是确保赤水河流域文化高质量发展的关键机制

除了探索流域协同发展,赤水河流域内部的文化符号之间也需要整合优化,互相借力。盐运文化与红色文化、美酒文化关联颇深,在赤水河流域的旅游项目和旅游路线的设计中既要贯穿流域的地域范围,又要融合内部多样的文化符号。

此外,传统与现代的贯穿也是非常必要的。了解川盐入黔对了解今天川黔两地脱贫攻坚的胜利会有更多帮助。感受酿酒技术的历史与现代工艺的有机结合,对于社会发展科技进步与人类古老智慧都会有更深刻的感知。在赤水河流域丰富的流域文化下,从每一个切入口进入都可以揭开它的神秘面纱,看到它的红色热血、绿色生态、多彩民族,感受它的盐运沧桑和白酒醇香,从而形成一个环环相扣的立体呈现体系。

### 5. 彰显流域特质是赋予赤水河流域文化新内涵的主要方面

赤水河流域这一地域范围如今已经关联着绿色生态、美酒、民族文化等。赤水河流域文化由这些文化构成,但任一单一元素都不能代表它,因此保留赤水河流域的文化特质,不仅需要三省不断地用流域文化这个品牌进行宣传,同时也要共同支撑这个品牌,共同保护这个品牌的价值,扩大其影响力、增强其引领力。可参照流域示范品牌、全流域品牌的方式进行品类筛选、打造,强化核心优势,将多而散的现有资源通过网络直播带货等方式进行资源整合打包。

赤水河流经云南昭通，贵州毕节、遵义，四川泸州三省四市，是云贵川三省融入长江经济带的重要经济走廊。赤水河流域具有雄伟秀丽的自然景观、奇岩怪石的丹霞地貌、色彩缤纷的民族风情、光辉灿烂的红色文化、辉煌的白酒文化和盐运文化，流域的多样文化相映成辉，各具特色，为赤水河流域高质量发展提供了丰富的资源助力，并将不断繁育出新时代的文化力量，同时为赤水河流域的发展注入新的养分。

# 后 记

对于像赤水河流域这样承载着地方经济、孕育了独特地方文化、承担着生态保护和生态治理重任的流域，在流域生态大保护的前提下，对其的治理也与其他流域有所差异。此外，赤水河流域独特的红色文化资源是其跨区域协同发展的重要根基。当前赤水河流域的治理仍然处在探索阶段，面临制度困境、合作困境、大局困境等问题，治理机制有待完善，统筹协调有待提升，大局战略思维还需构建。

本书对新发展格局下赤水河流域的高质量发展提出新的架构思路，从生态补偿、产业、文化方面探索协同治理赤水河流域的路径，构建"双中心"发展格局。以遵义市和泸州市作为"双中心"，可以促进通道建设和区域经济融合发展，形成更具针对性的发展模式，在通道建设、产业经济、枢纽经济建设方面持续发力。

# 参考文献

陈晓春，王小艳. 流域治理主体的共生模式及稳定性分析［J］. 湖南大学学报（社会科学版），2013，27（1）.

范维. 赤水河流域民族传统体育与红色文化资源融合开发［J］. 体育世界（学术版），2017（7）.

韩强，王恩江. 长征行思录——北京联合大学思想政治理论教师重走长征路文萃［M］. 北京：九州出版社，2017.

何经平，卢晶. 城乡建设中加强文物保护工作的几点思考［N］. 中国文物报，2021-5-18.

胡继冬. 中国共产党对红色文化资源的保护与开发利用：百年历程、经验总结和趋势展望［J］. 理论月刊，2021（7）.

蒋修德. 建立"红军四渡赤水革命历史文化旅游区"的构想和建议［J］. 四川党史，2003（2）.

李坚. 用好红色资源活教材［J］. 当代贵州，2021（30）.

林子. 红军文化遗产保护利用与民族地区脱贫攻坚新路——以贵州省为例［J］. 贵州民族研究，2008（1）.

刘军. 免费开放后纪念馆馆群建设的发展模式——以四渡赤水纪念馆馆群建设为例［J］. 中国纪念馆研究，2016（2）.

曲尧东方. 黔北地区红色旅游的开发研究［J］. 商业经济，2015（1）.

王招林，魏雷. 诠释场所精神的纪念空间设计——古蔺太平四渡赤水纪念馆和纪念碑设计［J］. 华中建筑，2009（1）.

韦佳. 红色文化"四渡赤水"蕴含的时代教育价值［J］. 教育文化论坛，2012（4）.

谢童心. 遵义红色文化传承研究［D］. 成都：西南交通大学，2020.

杨碧翠，谭露. 垫江县红色文化资源保护利用存在的问题及对策研究［J］. 大众文艺，2021（18）.

杨娟. 赤水河流域红色旅游发展的思考［J］. 中小企业管理与科技，2012（6）.

袁菁. 红色文化浸染下的赤水河流域英语教育设想［J］. 长江大学学报（社会科学版）. 2011（5）.

张梦，韩奥，罗兰. 贵州省赤水市红色旅游业融合发展研究［J］. 现代商贸工业，2021（21）.

中共贵州省委党史研究室. 贵州省重要革命遗址通览［M］. 北京：中共党史出版社，2014.

钟金贵，余昊. 遵义红色旅游与生态旅游资源整合研究［J］. 大舞台，2012（6）.